Bunte Fische überall

Für Josefine

2. Auflage 2024

© Kathrin Schrocke, 2014
Taschenbuchausgabe © Mixtvision Verlag, 2023,
Leopoldstraße 25, 80802 München
Dieses Werk wurde vermittelt durch die
Michael Meller Agency GmbH, München
www.mixtvision.de
Alle Rechte vorbehalten.
Umschlaggestaltung: zero-media.net, München
Innentypografie: Lena Ellermann
Druck und Bindung: Friedrich Pustet Gmbh & Co. KG, Regensburg

ISBN: 978-3-95854-220-4
Auch als Ebook erhältlich

Kathrin Schrocke

Bunte Fische Überall

MIXTVISION
Weiter. Erzählen.

Samstag, 11. Mai

Ich wollte ein iPad zum 13. Geburtstag. Und alles, was ich bekam, ist dieses doofe Notizbuch.

Sonntag, 12. Mai

O. K. Ich will nicht unfair sein. Ich habe natürlich noch andere Sachen von meinen zwei Vätern bekommen. Eine Jahreskarte für das Sea Life zum Beispiel. Und einen Radiergummi in Form einer Überwachungskamera.

Dad behauptet, dass es in seiner Kindheit überhaupt nichts zum Geburtstag gab. An *seinem* 13. Geburtstag hat seine Mutter ihm zur Feier des Tages zuckerfreie Haferkekse gebacken. Das ist natürlich Unsinn. Dad ist in den USA aufgewachsen. Und ich kenne das Land. Erstens kann dort kein Mensch Haferkekse backen, wenn man ihm nicht eine Backmischung und einen gekidnappten Fernsehkoch vor die Nase setzt. Und zweitens bekommen amerikanische Kinder *alles*, was sie wollen. Eine Kindheit in den USA ist, als ob dich jemand im Kinderparadies von IKEA abgibt und sagt: »Schätzchen, wir sammeln dich in fünf Jahren wieder ein! Wenn du Hunger hast, iss Fleischbällchen vom Büfett! Und nimm dir Cola, so oft und so viel du möchtest!«

Und in Deutschland? Eine Kindheit in Deutschland ist, als hätte man dich in der Schreibwarenabteilung von Galeria Kaufhof verloren und erst nach Ladenschluss wieder dort abgeholt.

Montag, 13. Mai

Dad hat mich tatsächlich mal in der Schreibwaren-abteilung von Galeria Kaufhof verloren. Aber das ist lange her. Ich stand zwischen den Regalreihen, als die säuselnde Kaufhaus-Musik unterbrochen wurde und eine helle Frauenstimme sagte: »Die kleine Bernadette wird von ihrem Papa vermisst und soll bitte *sofort* zur Hauptkasse im Erdgeschoss kommen!«

Ich fühlte mich nicht angesprochen. Zum einen nennt kein Mensch mich Bernadette, sondern, seit ich denken kann, Barnie. Außerdem war ich nicht klein, sondern bereits ganze fünf Jahre alt. Und mein Dad ist schließlich mein Dad und auch nicht mein Papa. Aber das hat die Frau an der Hauptkasse einfach nicht kapiert.

Erst nach der fünften Durchsage sprach eine Ver-käuferin mich an und zog mich ziemlich grob hinter sich her die Rolltreppe runter. Dad war total aufge-löst, er dachte, irgendjemand hätte mich *entwendet*. Das sagte er in einem fort: »Oh my God, Darling! Ich dachte wirklich, jemand hat dich entwendet!« Sein Deutsch war damals noch nicht so gut.

Dabei war seine Sorge völlig unbegründet. Ich hatte die komplette halbe Stunde am Regal mit den

Radiergummis verbracht. Ich hatte mir tiefschürfende Gedanken über Radiergummis gemacht. Aus was für einem Material sie sind, warum es so viele verschiedene Formen gibt und ob Bleistifte und Radiergummis von zwei verfeindeten Erfindern stammen. In meiner Hand lag ein Radiergummi, der aussah wie ein seekranker Hotdog. Als die Verkäuferin mich *entwendet* hatte, hatte ich ihn nicht wieder zurückgelegt.

»Hast du Hunger?«, hatte Dad mich völlig aufgelöst gefragt und sich einen mitleidigen Blick der Kassiererin eingefangen.

»Wollen Sie vielleicht die Mutter anrufen?«, schlug sie ihm leise vor.

»Nein. Aber ich muss meinen Mann informieren. Er wartet seit zwanzig Minuten in der Pizzeria auf uns«, hatte Dad geantwortet und sich langsam wieder beruhigt.

Die beiden Kaufhausmitarbeiterinnen hatten sich verwirrt angesehen.

Es ist so, dass meine Familie aus zwei Vätern und mir besteht. Papa, Dad und ich. Papa und Dad sind ein Liebespaar, und das seit ungefähr zweitausend Jahren.

»Den Radiergummi schenken wir dir!«, hatte die Kassiererin schließlich gesagt. Sie hatte einigermaßen erschüttert gewirkt. Ich war überglücklich und ließ den seekranken Hotdog in meiner Hosentasche verschwinden. Ich verstand die ganze Aufregung einfach nicht. Ich war doch noch da – und alles war bestens!

An dem Tag habe ich die Philosophie für mich entdeckt. Und meine Sammlung mit außergewöhnlichen Radiergummis begonnen.

Dienstag, 14. Mai

Heute Nachmittag habe ich Dad deutsche Redewendungen abgefragt. Er liebt Sprichwörter, aber manche kann er sich einfach nicht merken. Wir saßen auf dem Balkon und ich nannte ihm verschiedene Situationen.

»Jemand ist total schön, hat aber einen miesen Charakter?«

»Außen hui, innen pfui!«, sagte Dad feierlich. Ich schob ihm zur Belohnung einen roten Smartie hinüber.

»Wenn dir etwas herunterfällt und zerbricht?«

»Scherben bringen Glück!«, antwortete Dad fröhlich. Er bekam von mir einen grünen Smartie.

»Wenn sich jemand über etwas aufregt und dabei total übertreibt?«

»Wir wollen die Küche im Dorf lassen!«

Ich nahm Dad den roten und den grünen Smartie wieder ab und aß sie selber. »Es heißt: die Kirche im Dorf lassen«, verbesserte ich.

»Welche Kirche überhaupt?«, beschwerte sich Dad deprimiert.

»Keine Ahnung.«

»Und welches Dorf?«

»Hm.« Ich dachte nach. Warum konnte Dad die Sätze nicht einfach auswendig lernen, ohne sich weiter

Gedanken darüber zu machen? Mit dieser Strategie hatte ich es erfolgreich in die siebte Klasse geschafft.

»Letzter Versuch!«, beendete ich seinen Protest. »Was sagst du, wenn Oma und Opa überraschend zu Besuch kommen?«

»Man muss die Feste feiern, wie sie fallen!«, sagte Dad.

Ich schüttete mir die restlichen Smarties in den Mund. »Nein. Ein Unglück kommt selten allein«, korrigierte ich ihn schmatzend.

Dads liebstes Sprichwort ist: Alte Liebe rostet nicht.

Mein liebstes Sprichwort ist: Hätte, wenn und aber, alles nur Gelaber.

Apropos *hätte*: Hätte ich ein iPad zum Geburtstag bekommen, würde ich jetzt nicht meinem Dad Nachhilfe geben, sondern etwas wirklich Sinnvolles machen. Mit dem digitalen Stift Bilder wie Picasso malen zum Beispiel. Oder ich würde mir selbst auf einer virtuellen Tastatur Klavierspielen beibringen und Mozarts Kleine Nachtmusik klimpern. Meine Väter kapieren überhaupt nicht, dass sie mit der unüberlegten Wahl ihres Geburtstagsgeschenks meine Entwicklung zum Wunderkind ein für alle Mal beendet haben.

»Hast du einen Zuckerschock?«, fragte Dad besorgt, weil ich nichts mehr sagte, sondern mit schokoladigem Gesichtsausdruck in die Ferne starrte.

Ich schüttelte den Kopf. »Nein. Ich überlege, was

ich mit eurem komischen Notizbuch anfangen soll. Willst du es für deine Sprichwörter haben?«

Dad sah mich an. »Barnie, dein Papa und ich haben uns sehr wohl Gedanken gemacht. Das Papier ist handgeschöpft und wurde von einer Künstlerin entworfen. Du könntest doch zum Beispiel Tagebuch schreiben! Immerhin bist du ein Mädchen, das in einer besonderen Familie lebt. In hundert Jahren lesen Schüler vielleicht im Unterricht darüber, wie dein Alltag war. Dein Alltag mit zwei Vätern.«

»Echt spannend.« Ich gähnte leise.

Der Schlüssel im Schloss ging. Papa kam von der Arbeit nach Hause. Er lehnt Süßigkeiten vor dem Abendessen strikt ab. Schnell bohrte Dad die leere Smarties-Rolle in den Geranienkübel. Dort sind auch die Stummel seiner heimlich gerauchten Zigaretten begraben. Und die Liste mit allen Jungs, in die ich im letzten Jahr verschossen war.

Ich habe sie an einem verregneten Sonntag an unserem Familien-Computer erstellt. Und die Namen alphabetisch geordnet.

Dad stand auf und gab Papa einen Begrüßungskuss. Sein Ehering funkelte in der Abendsonne. Die Ringe meiner Eltern sind aus echtem Gold und haben winzige Diamanten in der Mitte. Ich habe mal vorsorglich bei eBay nachgeschaut: Vom Verkauf der Ringe könnte ich mir glatt *vier* iPads leisten!

Mittwoch, 15. Mai

Absolut ausgeschlossen, dass dieses hässliche Notizbuch ein Tagebuch wird! Ich weigere mich, dieses mickrige Geschenk anzuerkennen. Trotzdem gibt es etwas, das ich aufschreiben muss: Heute in der Schule hatte Frau Zelenki ein Baby dabei. Kein echtes, sondern eines aus Plastik.

»Was ist das?«, fragte Tore.

»Ein Baby«, sagte Frau Zelenki.

»*Ihr* Baby?«, fragte Tore und die Klasse lachte.

Frau Zelenki überhörte es einfach. »Ihr könnt euch doch hoffentlich noch an das Thema erinnern, das wir die letzten zwei Wochen im Biologieunterricht hatten?«, fragte sie.

Wir schwiegen. Wir konnten uns natürlich alle daran erinnern. Aber wir wollten nicht. Es war schlimm genug, dass jeder von uns auf einmal primäre und sekundäre Geschlechtsmerkmale hatte. Seit neuestem gab es auch noch die passenden lateinischen Namen dazu.

»Unsere Schule beteiligt sich am Projekt ›Babybedenkzeit‹ des Jugendamts!«, erklärte Frau Zelenki. »Wie ich diesem Faltblatt entnehme, wollen sie euch junge Menschen dafür sensibilisieren, was es bedeutet, früh schwanger zu werden und ein Kind zu bekommen. Damit ihr immer schön die Folgen eures Handelns bedenkt und nicht irgendwann am von Scherben übersäten Strand eures Lebens landet.«

Wir schwiegen immer noch.

Frau Zelenki trat unbehaglich von einem Bein auf das andere. Sie war groß und breit und trug wallende graue Kleider.

Ich mochte Frau Zelenki wirklich sehr. Sie hatte was von einem Fels in der Brandung.

»Was heißt sensiblieren?«, fragte Tore schließlich in die verschwitzte Stille. Wir hatten in der Stunde vorher Sport gehabt und gemeinsam entschieden, uns nicht zu duschen.

»Wenn ich mit 13 schwanger werde, bekomme ich Hausarrest!«, sagte Lara, ehe Frau Zelenki antworten konnte.

»Ich auch«, bestätigte Aysun. »Hundertpro!«

»Ich war noch nie am Strand!«, hörte ich Tore sehnsüchtig murmeln.

»Können wir nicht lieber ehrenamtlich die Turnhalle putzen?«, schlug meine beste Freundin Finja vor.

Marie meldete sich. Sie ist hochbegabt und nur versehentlich in unserer Klasse. »Ich glaube, hier will niemand mit 13 schwanger werden!«, stellte sie besserwisserisch fest. »Wir könnten stattdessen über Sporenpflanzen sprechen!«

Frau Zelenki nahm die glatzköpfige Babypuppe

seufzend in die Hand. »Rektor Emmerich hat uns für dieses spannende und sinnvolle Projekt angemeldet. Zwei Wochen lang werdet ihr erleben, was es heißt, ein Kind zu haben. Ihr werdet sehen, das weitet euren Horizont enorm.«

Sie redete noch eine ganze Weile weiter. Erklärte, wie das mit dem Baby funktionieren sollte, und reichte es einmal in der Klasse herum. Es fühlte sich kalt und nach hartem Plastik an. Würde ich Babypuppen herstellen, ich würde sie aus weichem Radiergummi machen.

*

Zu Hause erwartete mich Papa mit dem Mittagessen. »Bist du schlecht gelaunt?« Er schichtete mir Reibekuchen auf den Teller. Einen dicken Klecks Apfelmus dazu. Das Apfelmus kam von Oma.

»Ich bin in der Pubertät«, erinnerte ich ihn.

»Ach so, verstehe.« Papa setzte sich mir gegenüber. »Ist es immer noch wegen des iPads? Du weißt, dass Dad und ich gegen diese überteuerten Geräte sind. Man muss nicht jedes technische Gadget besitzen. Außerdem hast du doch zu Weihnachten ein neues Handy bekommen! Du sollst sowieso nicht ständig online sein. Dabei bleibt die Fantasie von euch Kindern einfach komplett auf der Strecke. Du könntest anfangen, Gedichte zu schreiben. Dafür haben wir dir das Notizbuch gekauft.«

Gedichte? Ich fragte mich ehrlich, an welchem

Punkt in den letzten zwei Jahren mein Papa und ich begonnen hatten, uns derart voneinander zu entfernen. Außerdem war das Notizbuch jetzt mein Tagebuch. Aber davon brauchte er nichts zu wissen.

»Ihr habt euch doch auch online kennengelernt!«, gab ich zu bedenken. »Stell dir mal vor, es gibt da draußen einen Jungen, der für mich ganz allein vorbestimmt ist. Er sucht mich auf TikTok, auf Snapchat und in den Stories von Instagram. Verzweifelt postet er Nachrichten an mich durchs Netz. Nachrichten, die als binäres Zahlenecho verklingen. Und ich? Ich sitze ahnungslos zu Hause vor meinem handgeschöpften Notizbuch, als wäre ich nicht Barnie Baxter, sondern Mascha Kaléko!«

Mascha Kaléko ist eine Schriftstellerin und wir hatten im Deutschunterricht über sie gesprochen. Das mit dem binären Zahlenecho klang gut. Vielleicht würde ich mich doch irgendwann an einem Gedicht versuchen.

»Ach. Du wolltest das iPad also nur, um Jungs kennenzulernen?« Mein Papa schob sich energisch ein Stück Reibekuchen in den Mund. »Jetzt bin ich umso erleichterter, dass wir das dämliche Ding nicht gekauft haben. Geh ins Sea Life und lerne da jemanden kennen. Unterhalte dich mit dem Jungen, der dort einen Ferienjob hat. Überlasse die Liebe dem Zufall und nicht den virtuellen Weiten. Binäres Zahlenecho? Das also ist heutzutage aus der Liebe geworden!« Meine Eltern sind so langweilig. Wir haben zu Hause nicht mal eine Alexa! Unsere Wohnung wird irgendwann eingehen in die Geschichte. Als der Ort, an dem der aufrecht gehende Mensch freiwillig zurück in die Höhle kroch. Kein Flatscreen, keine Apple-Watch. Stattdessen die ledergebundene Gesamtausgabe von »Winnetou« im Regal und vierundneunzig Familienkartons Bio-Müsli in der Speisekammer. Wenigstens Haustiere haben sie mir erlaubt: Ich besitze ein 60-Liter-Aquarium. Es steht genau gegenüber von meinem Bett und wird nachts wie ein schwimmendes Traumbild beleuchtet.

»Stört es Dad und dich, wenn ich ein Baby mit nach Hause bringe?« Ich wechselte frustriert das Thema.

»Um Himmels willen, was für ein Baby?«

»Frau Zelenki will ein Projekt mit uns machen. Eine Plastikpuppe soll uns davon abhalten, früh schwanger zu werden und am von Scherben übersäten Strand unseres Lebens zu landen.«

»Das Baby kann noch heute bei uns einziehen!«, sagte Papa wie aus der Pistole geschossen.

Ich reichte ihm den Informationszettel, den Frau Zelenki uns gegeben hatte. Wir brauchten eine offizielle Erlaubnis unserer Eltern, für zwei Wochen Erziehungsberechtigte von Plastik zu sein.

»Wo soll es schlafen?«, fragte ich unsicher, während Papa mit schwungvoller Handschrift unterschrieb.

»Du könntest Martina fragen, ob sie dir Trixies Tragetasche leiht«, schlug Papa vor. Martina ist meine biologische Mutter. Papa mein biologischer Vater. Und Dad? Dad ist Dad. Papa und Dad sind meine Eltern.

Großeltern habe ich natürlich auch. Meine amerikanischen sind leider tot. Aber es gibt noch Papas Eltern und Martinas Eltern und alle vier leben sie in Bayern.

Papas Eltern mag ich ziemlich gern, obwohl sie manchmal anstrengend sind. Aber Martinas Eltern kann ich nicht leiden. Sie haben den Kontakt zu Martina abgebrochen, weil sie mich weggegeben hat. Dabei hat sie mich nicht *weg*gegeben, sondern *ab*gegeben. Denn von Anfang an war ich für meine zwei Väter gedacht.

Donnerstag, 16. Mai

Ich hockte auf dem Wannenrand in Martinas Bad und sah ihr dabei dazu, wie sie im Waschbecken Trixie shampoonierte. Trixie ist ein Hund. Ein Wunschhund. Keinem Haustier auf dieser Welt geht es besser.

»Kannst du mir für zwei Wochen Trixies Tragetasche leihen, Martina?« Ich reichte ihr das Handtuch. Es war gelb mit einem Muster aus grünen Punkten darauf. Eifrig rubbelte Martina Trixies Fell trocken.

»Die Tragetasche, mit der ich Trixie immer mit auf Reisen nehme? Klar. Wir zwei fliegen erst nächsten Monat wieder weg.«

Martina ist eine Weltenbummlerin. Viele Jahre ihres Lebens ist sie durch alle möglichen Länder gereist. Sie sagt, sie wollte sich erst einmal selber finden. Offenbar hat sie das auch geschafft, denn vor einiger Zeit ist sie fest nach Berlin zurückgekehrt. Sie hat sich einen Job gesucht und einen Hund gekauft. Inzwischen wohnt sie nur zwei U-Bahn-Haltestellen von uns entfernt und ich besuche sie und Trixie regelmäßig. Hin und wieder kommt Martina auch zu uns – logisch, sie und Papa sind Freunde seit ihrer Schulzeit. Mich gibt es, weil Papa und Dad unbedingt ein Kind haben wollten. *Geboren* wurde ich von Martina.

»Barnie, kannst du am Samstagnachmittag kurz hier vorbeischauen und Trixie die Augentropfen geben?«, fragte Martina. »Ich will unbedingt zu einem Vortrag über Nomaden im Himalaya. Und Trixie braucht um Punkt 15 Uhr ihre Medikamente.«

»Klar. Darf ich dann Netflix gucken?«

Bei Martina darf ich vieles tun, was mir meine Eltern verbieten. Sie ist so viel cooler als die zwei! Es gibt einen riesigen Smart-TV. Es gibt eine Schublade mit Süßigkeiten und rein gar nichts darin ist zuckerfrei. Ach, manchmal wünschte ich, ich wäre bei ihr aufgewachsen.

Martina nickte zögernd. »Klar. Aber bitte nur *einen* Film. Du könntest dir zur Abwechslung auch mal eines meiner Bücher ansehen! Ich habe einen hochspannenden Bildband über erloschene Vulkane gekauft!«

O. K. Vielleicht wäre die Sache anders, wenn ich wirklich bei Martina leben würde. Dann wäre sie wahrscheinlich viel strenger mit mir.

»Wozu brauchst du eigentlich die Hundetasche?« Vorsichtig setzte sie die frisch gebadete Trixie auf dem Boden ab.

»Wegen so eines Projekts«, antwortete ich. »Unsere Lehrerin will, dass wir minderjährige Mütter werden. Jeder von uns bekommt ein Plastikbaby mit nach Hause.«

»Ein Plastikbaby?« Martina sah mich zweifelnd an. »Das heißt, du bist demnächst alleinerziehend?«

Ich hob die Schultern. »Keine Ahnung. Ich denke, schon.«

»Das ist ja wohl ein Witz!« Martina schüttelte belustigt den Kopf. »Ich an deiner Stelle würde mir noch heute einen zweiten Erziehungsberechtigten suchen!«

Freitag, 17. Mai

»Das ist ja wohl ein Witz!«, protestierte Lara. »Wenn ich zu Hause mit Baby *und* einem Jungen antanze, streichen mir meine Eltern garantiert das Taschengeld.«

»Meine auch«, bestätigte Aysun. »Tausendpro!«

»Ich habe auch nicht zwingend von einem Jungen gesprochen.« Frau Zelenki nahm ihre Brille ab. Sie sah müde aus. »Aber aus organisatorischen Gründen ist es nötig, dass immer zwei aus der Klasse sich ein Baby teilen. Das können meinetwegen ein Junge und ein Mädchen sein. Oder zwei Jungs. Oder zwei Mädchen. Wie ihr wollt.«

»Ich bin doch nicht schwul!«, protestierte Philipp und machte Knutschgeräusche.

»Igitt!«, rief jemand in der ersten Reihe.

Alle Jungs lachten.

»Darum soll es hier auch gar nicht gehen«, sagte Frau Zelenki genervt. »Das Baby ist im Grunde nichts weiter als ein Avatar. Es geht also darum, gemeinsam einen computergesteuerten Avatar zwei Wochen lang zu betreuen, ohne dass man beim ersten Schreien den Notknopf drückt. Für diese Aufgabe braucht ihr einen verlässlichen Partner.«

Das Plastikbaby hatte einen Notknopf. Den hatte Frau Zelenki uns als Erstes gezeigt.

»Wenn das so ist, teile ich mir mein Baby mit Jan!«, entschied Philipp. Jan war der coolste Junge in unserer Klasse. Er hatte verwuscheltes braunes Haar und die dazu passenden pistaziengrünen Augen. In den Ferien ging er Surfen und Gleitschirmfliegen und seine Eltern hatten ein Schwimmbad im Haus. So ziemlich alle Mädchen waren verschossen in ihn. Leider war ausgerechnet der bescheuerte Philipp sein bester Kumpel.

Jan, der neben Philipp saß, schlug lässig bei ihm ein. Wir anderen guckten bedröppelt.

»Ich teile mir mein Baby mit Lara!«, sagte Aysun, nachdem die Trauerminute verstrichen war. Lara strahlte zufrieden.

Wir Restlichen starrten unsicher auf unsere Tische hinab.

»Ihr müsst euch noch nicht sofort entscheiden, welche Teams ihr bilden wollt«, lenkte Frau Zelenki ein. »Ihr könnt es davon abhängig machen, ob ihr nahe beieinander wohnt. Ob ihr befreundet seid oder schon immer mal was zusammen machen wolltet.«

Nahe beieinander wohnen?

Mein Blick wanderte zu Sergej zwei Tische weiter rechts hinüber. Sergej wohnte bei uns im Haus. Er war erst vergangene Woche neu hergezogen.

Habt ihr jemals von Liebe auf den ersten Blick

gehört? Seit ich Sergej zum ersten Mal im Hausflur begegnet bin, musste ich ständig an ihn denken. Ich fragte mich, was für Interessen er hatte, welche Serien er guckte und ob es irgendwo eine Freundin gab. Immer wenn wir uns im Treppenhaus trafen, grinste ich so, dass man meine weißen Zähne sah. Dann schlenderte ich leise pfeifend an ihm vorüber. So ähnlich hatte ich das auf YouTube gesehen. Aber unmöglich konnte ich ihn fragen, ob er ein Baby mit mir aufziehen wollte!

Sergej sah mich an und reflexartig wanderten meine Mundwinkel nach oben.

Finja gab mir einen Stoß. »Das mit dem Baby, das machen wir ja wohl zusammen, oder?«

»Klar!«

Ich hörte auf, dämlich zu grinsen, und sah meine alte Kindergartenfreundin unsicher an. Finja spielt Fußball und hängt ständig beim Training ab. Wenn ich ehrlich bin, nervt das manchmal. Wollte ich wirklich mit ihr zusammen ein Baby haben?

»Geht in euch und sagt mir nach den Feiertagen Bescheid!«, beendete Frau Zelenki das Grübeln. »Am Mittwoch sehen wir uns dann alle wieder. Hat jemand noch eine Frage an mich?«

Tore meldete sich.

»Ja?«

»Kriegen wir auch Elterngeld?«

Die Klasse lachte.

»Wie immer bist du eine Inspiration für uns alle, Tore!«, seufzte Frau Zelenki. Sie schaltete den Beamer ein und wir guckten einen Film zum Thema »Faszination Gebärmutterschleimhaut«.

Sonntag, 19. Mai

»Liebling, hast du die Schuhe schon angehabt, die ich dir geschickt habe?« Meine Oma am Telefon klang fröhlich. Sie war mit Opa an der Ostsee auf Anti-Aging-Kur.

»Ja, passen wie angegossen!«, log ich.

Das Problem mit den Geburtstagsgeschenken meiner Großeltern ist: Sie können mir jeden Wunsch von den Augen ablesen. Nur leider mit einer Verzögerung von drei bis vier Jahren. Ich meine, welches dreizehnjährige Mädchen trägt Sneaker mit Miniatur-Einhörnern! Inzwischen lag diese Phase längst hinter mir. Momentan interessierten mich gutaussehende Jungs und exotische Fische.

»Opa hat in der Zeitung gelesen, dass bei euch in Berlin jemand auf offener Straße erstochen wurde. Barnie, ich mache mir ständig Sorgen um euch. Opa und ich finden, diese Stadt ist einfach viel zu gefährlich! Ihr könntet alle zusammen zu uns nach Bayern ziehen.«

»Berlin ist überhaupt nicht gefährlich! Zumindest nicht der Stadtteil Friedenau«, erwiderte ich. Ich ging zum Fenster meines Zimmers hinüber und sah auf den kleinen Park hinab. Die hübschen Jugendstilhäuser waren rund um ein Rasenstück angeordnet, in dessen Mitte ein Fohlen stand. Die Bildhauerin, nach der der Platz benannt worden war, hatte das Fohlen aus Bronze gegossen. Früher war ich täglich mit Dad hinuntergegangen, um das süße Tier auf seinen streichholzdünnen Beinchen zu streicheln.

Es gab dreimal wöchentlich einen Biomarkt um die Ecke. Es gab einen Jugendtreff, der aussah wie eine Miniaturausgabe von Hogwarts. Und es gab die Kinderbibliothek, in der mich jeder mit Namen kannte. Berlin war der friedlichste Ort der Welt.

»Lass dir von niemandem etwas gefallen, Barnie. Wir zahlen dir einen Selbstverteidigungskurs«, sagte Oma.

»Karate oder Taekwondo!«, rief im Hintergrund Opa.

»Für so was habe ich im Moment keine Zeit«, wehrte ich ab. »Ich bekomme nämlich demnächst ein Baby.«

Meine Oma schwieg.

»Was hat sie da gesagt?«, hörte ich Opa entgeistert fragen.

»Nur ein Plastikbaby!«, erklärte ich schnell. »Ein Schulprojekt. Wir sollen erleben, wie es wäre …«

Ich beobachtete mit angehaltenem Atem, wie Sergej quer über die Straße ging. Er setzte sich auf eine der Bänke im Park und daddelte auf seinem Handy.

»Barnie?«

Meine Oma holte mich ins Gespräch zurück.

»Äh, ja. Wir sollen erleben, wie es wäre, früh schwanger zu werden.« Das mit dem Strand und den Scherben ließ ich weg. Das machte das Projekt nur unnötig dramatisch.

»Bist du für so ein Experiment nicht ein bisschen zu jung, Barnie? Hast du überhaupt schon deine Tage?«

In dieser Familie war »Privatsphäre« ein unbekanntes Wort. Es stand im Lexikon der vom Aussterben bedrohten Begriffe.

Wirklich ständig schleppten Papa oder Dad irgendwelche Aufklärungsbücher an. Martina hatte mir Tampons und Binden gezeigt und Dad hatte mir in Zeitlupe erklärt, wie Babys entstehen. Dabei wusste ich das alles längst. Dass mich jetzt auch noch meine Oma fragte, ob ich schon meine Tage hatte, war eindeutig zu viel.

Wollte ich etwa wissen, was in der Unterhose meiner Oma vor sich ging? Na also!

»Oma, ich muss jetzt Schluss machen«, sagte ich schnell. »Ich erzähle dir nächstes Mal vom Babyprojekt. In Ordnung?«

»Wir schauen auf der Rückfahrt von der Ostsee bei euch vorbei!«, schrie Opa von hinten. »Bitte sag deinem Vater, dass er uns am Freitagabend erwarten soll!«

»Klar, mache ich.« Ich verabschiedete mich und legte auf. Dann schnappte ich mir das Buch über Piranhas und ging mit klopfendem Herzen zum Renée-Sintenis-Platz hinunter.

Sonntag, 19. Mai, nachts

Es klingt vermutlich etwas angeberisch. Aber es gibt einen Vater für mein Kind! Und hier kommt das Beste: Sein Name ist Sergej.

Die Sache lief ungefähr so:

»Ach hallo, Sergej! Wusste gar nicht, dass das hier dein Lieblingsplatz ist!« Ich setzte mich einfach ganz frech zu ihm auf die Bank und schlug grinsend die Beine übereinander.

Er sah von seinem Handy auf. Sein Haar war an den Seiten abrasiert, mit dem Achselshirt sah er aus wie ein verwegener Fußballspieler.

»Na ja, oben auf dem Balkon ist meine Mutter«, flüsterte Sergej und deutete unauffällig zum Haus.

Auf dem Balkon im ersten Stock lag seine Mama auf einer Liege. Sergejs Mutter war dünn und lang und hatte einen fiesen Sonnenbrand. Sie sah aus wie eine rosa Garnele.

»Geht mir genauso«, log ich und deutete einen Balkon höher. »Mein Papa will den ganzen Balkon immer für sich alleine haben.«

Das stimmte nicht wirklich. Gerade schrubbte mein Papa die Küche, weil die original italienische Espressokanne in die Luft geflogen war.

»Sind deine Eltern eigentlich geschieden?«, fragte Sergej.

Ich schüttelte den Kopf.

»Und wo ist deine Mutter? Ich habe sie noch nie gesehen.«

»Sie wohnt um die Ecke«, erklärte ich.

»Ach so. Und wer ist der zweite Mann, der bei euch in der Wohnung wohnt?«

»Mein anderer Vater.«

»Verstehe ich nicht.« Sergej sah mich begriffsstutzig an. »Der neue Mann deiner Mutter?«

Ich schüttelte den Kopf. »Nein. Der Mann meines Papas.«

Sergej klappte den Mund auf. Dann klappte er ihn wieder zu. »Krass«, hörte ich ihn leise murmeln.

Eine ganze Zeit lang sagte keiner von uns beiden mehr etwas. Quälend zogen die Sekunden an uns vorbei. Ich wünschte mich zurück in mein Zimmer.

»Was liest du denn?«, unterbrach Sergej schließlich die Stille und nahm mir das Buch aus der Hand. Er blätterte es durch und sah sich die Bilder an. »Hast du ein Aquarium oder so?« Das Thema schien ihn zum Glück zu interessieren.

Ich war froh, dass wir über etwas anderes sprachen. Meistens reagieren die Leute auf meine Familie völlig normal. Aber ganz, ganz selten werden sie komisch. Irgendwie versetzte es mir einen Stich, dass Sergej komisch reagierte.

»Klar. Ich habe ein Aquarium.«

»Auch Fische drin?«

Blöde Frage! Aber Hauptsache, wir redeten wieder miteinander.

»Ja. Zwei Goldfische, zwei Putzer und einen Regenbogenfisch.«

»Einen Regenbogenfisch? Ist der nicht fürchterlich einsam?« Zum ersten Mal, seit wir uns kannten, sah ich Sergej direkt ins Gesicht. Und es war keine Halluzination: Er hatte zimtfarbene Augen! Sofort wurde mir schummerig.

»N… nein«, stotterte ich. »Die anderen mögen ihn! Ich glaube, er fühlt sich einzigartig und besonders.«

Sergej lächelte mich mit seinem Fußballer-Lächeln an. Das war zu viel für mich.

»Was ich dich fragen wollte …« Sergej sah mich immer noch an. Er hatte ein paar Sommersprossen im Gesicht. Und ich übertreibe nicht: Sie schimmerten GOLDEN!

»Was ich dich fragen wollte …« Auf einmal wirkte er ein bisschen verlegen. »Wegen dieses Babyprojekts. Wir beide wohnen im gleichen Haus. Und weißt du, das ist doch eigentlich praktisch! Wenn du willst, können wir uns das Baby teilen. Außer natürlich, du hast schon jemand anderen gefragt. In dem Fall suche ich nach einem anderen Partner.«

Spätestens bei dem Wort *Partner* war ich in Trance gefallen. Eine Art Wachkoma, das ich so noch nicht kannte. In keinem der Aufklärungsbücher, die mir zugeschoben worden waren, hatte irgendetwas darüber gestanden. Dass man sich leicht und schwebend fühlt und alles ganz warm wird um einen herum. Nur weil man neben einem Jungen sitzt, der primäre und sekundäre Geschlechtsmerkmale hat und gemeinsam mit einem ein Plastikbaby aufziehen möchte.

»Warum starrst du mich so an?«

Ich hörte augenblicklich auf mit meinem Geglotze. Statt mir den Unterschied zwischen Binden und Tampons zu erklären, hätte Martina mir besser mal etwas über Jungs erzählt! Und was war überhaupt mit meinen zwei Vätern? Hatte Dad sich genauso gefühlt wie ich jetzt, als er an Deck dieses Ausflugsschiffs zum ersten Mal meinem Papa gegenübergesessen hatte?

»Wir zwei Partner? Aber natürlich!«, japste ich. »Du und ich und ein Baby, das ist doch fantastisch!« Finjas rotbackiges Gesicht schob sich in meine Erinnerung. Aber nur ungefähr eine Sekunde.

Oben auf dem Balkon im ersten Stock stand Sergejs Garnelen-Mutter ruckartig auf. Etwas missbilligend starrte sie zu uns beiden herunter.

Montag, 20. Mai

Sergej hat mir morgens um 6.15 Uhr eine Nachricht geschickt. Er findet es super, dass wir das Babyprojekt zusammen machen, und freut sich, mich nach den Pfingst-Feiertagen in der Schule wiederzusehen. Er ist mit seinen Eltern auf dem Weg nach Brandenburg, sie gehen zusammen wandern. Vorsorglich hat er mir seine Koordinaten geschickt.

Ich bin sofort ins Schlafzimmer meiner Väter gestürzt, um die beiden zu wecken.

»Oh my God, Darling! Was ist passiert?« Mein Dad saß mit schreckgeweiteten Augen aufrecht im Bett.

»Na, unser Ausflug! Erinnert ihr euch etwa nicht daran? Wir wollten wie jede normale Familie am Feiertag wandern!«

Das Wort »normal« sagte ich lauter als den Rest. Die Beteuerung, dass etwas *normal* ist, zieht bei meinen Vätern eigentlich immer.

Papa hob träge seinen Kopf. »W-A-N-D-E-R-N?«, wiederholte er. »Meinst du diese Tätigkeit, bei der man einen Fuß vor den anderen setzt, frische Luft einatmet und die Landschaft bestaunt? Als Dad und ich vor zwei Wochen mit dir einen Ausflug nach Ribbeck machen wollten, hast du dir den großen Zeh verstaucht. Als Dad an deinem Geburtstag mit dir um den Tegeler See spazieren wollte, hattest du angeblich eine Lungenentzündung. Und gestern Abend wollte Martina, dass du sie und Trixie zum Gassigehen begleitest. Wenn ich mich richtig erinnere, hattest du im gleichen Moment einen Anflug von Malaria.«

»Gelbfieber«, korrigierte ich. O. K. Ich hatte es mit meinen Ausreden in der Vergangenheit ein wenig übertrieben.

Dad streckte sich und stieg gähnend aus dem Bett. »Morgenstund hat Gold im Mund! Wenn wir es dir wirklich versprochen haben, machen wir das auch, Darling«, sagte er. »Wohin also willst du wandern?«

Ich zückte mein Handy. »Angermünde«, entzifferte ich. »Das ist nur 80 Kilometer entfernt. Und es gibt einen Parkplatz gleich hinter dem Rathaus. Könnte übrigens sein, dass wir jemandem begegnen, den ich kenne.«

Papa richtete sich auf. »Ich fasse es nicht!«, sagte er. »Du nötigst deine zwei Väter dazu, am Feiertag vor dem Morgengrauen aufzustehen, um dich ins tiefste Brandenburg zu chauffieren? Und zwar nicht, weil du den Tag mit ihnen verbringen willst, sondern weil dort irgendeine gelangweilte Freundin wartet?« Er zog sich die Bettdecke bis zum Kinn. »Schick ihr mit dem Handy ein Foto von dir. Auf keinen Fall werden Dad und ich mit irgendwelchen anderen versklavten Eltern durch die Uckermark latschen.«

»Es ist landschaftlich echt schön dort!«, versuchte ich es ein letztes Mal. Aber Papa drehte sich wortlos um und war nach wenigen Sekunden wieder eingeschlafen.

Montag, 20. Mai, mittags

Ich habe Papas Vorschlag befolgt und schon 62 Selfies geschossen. Aber ich weiß nicht, welches davon ich Sergej schicken soll. Zur Auswahl stehen:

1. Selfie: Barnie vor der Radiergummisammlung
   (wie zufällig einen 30 Zentimeter großen Radiergummi in Herzform in der Hand haltend)
2. Selfie: Barnie am Fenster, traurig in Richtung Brandenburg guckend
3. Selfie: Barnie am Schreibtisch
   (als würde ich gerade ein Gedicht für Sergej schreiben)

Montag, 20. Mai, abends

Heute Nachmittag ist Finja da gewesen. Dad machte seinen Spezial-Eiskakao, gespickt mit Marshmallows, für uns und wir saßen gemütlich auf dem Balkon und spielten Scrabble.

Dad legte das Wort WAFFEL und notierte seine Punkte.

»Wir hatten am Samstag ein Freundschaftsspiel«, erzählte Finja. »In der dritten Minute ist unsere Stürmerin …« Sie sah in die Runde. »Will das hier überhaupt jemand hören?«

»Nein«, sagten meine Väter und ich im Chor. Finja erzählte ihre Fußballspiele in Echtzeit nach. Die Gefahr war groß, währenddessen zu versteinern.

»Wann fängt eigentlich euer Babyprojekt an?«, fragte Papa.

»Am Mittwoch«, murmelte Finja enttäuscht und erweiterte den gelegten Begriff zu dem Wort BEWAFFELN.

Ich bekam ein schlechtes Gewissen. Noch hatte ich es nicht geschafft, das mit Sergej zu beichten.

»Barnie und ich teilen uns ein Kind!«, sagte Finja zu allem Überfluss. »Ist euch klar, dass ich dann endgültig Teil eurer Familie werde?«

Sie sah meinen Dad sehnsüchtig an. Finja ist nämlich peinlicherweise verknallt in ihn. Sie findet, dass Dad aussieht wie ein Model, und hält seine Ehe mit meinem Papa lediglich für eine Phase.

»Das Wort BEWAFFELN gibt es nicht«, sagte Papa ungerührt und schob die Steine zurück in ihre Richtung.

»Wie bitte?« Empört sah Finja meinen Vater an.

»Das ist Jugendsprache. Was können wir dafür, wenn ihr den Anschluss an die Moderne endgültig verpasst habt? Das Wort steht sogar im Duden!«

»Du könntest WAFFELN legen, Finja«, schlug Dad versöhnlich vor. »Der Plural von Waffel. Wir haben uns außerdem geeinigt, dass Jugendsprache und englische Begriffe nicht gelten.«

»Warst du heute früh mit deiner Familie wandern?«, fragte Papa.

Finja schüttelte den Kopf. Ich gab ihr unter dem Tisch einen Tritt und sie nickte träge.

»Was jetzt, ja oder nein?«

»Körperlich ja«, sagte Finja. »Gedanklich nein. Ich musste an meine unerreichbare große Liebe denken.«

»Finja. Könntest du das bitte unterlassen?«, sagte Papa streng und Finja hörte auf, meinen Dad anzuglotzen.

»Manche Männer denken, sie sind schwul«, sagte Finja. »Dabei haben sie nur noch nicht die richtige Frau gefunden.«

»Erinnerst du dich, wie traurig es war, als du Hausverbot bei uns hattest?«, fragte Papa.

Es gab wirklich eine Zeit, als Finja mich nicht mehr besuchen durfte. Das war, als sie ständig fragte, wer von meinen Vätern die Frau in der Beziehung ist. Dabei war es ein Witz. Aber diesbezüglich sind meine Eltern völlig humorfrei.

Mein Papa legte das Wort Hydraulikzylinder und heimste den neuen Punkterekord ein.

Finja stand seufzend auf und griff nach meiner Hand. »Hier haben wir offenbar nichts mehr verloren«, sagte sie theatralisch. »Lass uns in dein Zimmer gehen, Barnie. Und uns ein wenig bewaffeln!«

Dienstag, 21. Mai

4. Selfie: Barnie und ihre Fische.

Ich hatte mir mithilfe von Snapchat eine Augenklappe gezaubert und mir ein virtuelles Haartuch um den Kopf gebunden.

Als ich auf den Auslöser drückte, ist mir mein Handy ins Aquarium geplumpst und hätte beinahe einen der Putzer erschlagen. Das leuchtende Display wurde tintenschwarz und ich habe sofort mit den Erste-Hilfe-Maßnahmen begonnen. Zuerst habe ich das Gehäuse geföhnt. Dann habe ich das Smartphone in alle Einzelteile zerlegt und jedes Stück davon trocken gepustet. Am Ende habe ich mich dem Schicksal ergeben und leise geweint. Mein wichtigster Zugang zur Welt ist heute Nachmittag tatsächlich *ertrunken*.

Mittwoch, 22. Mai

»Wenn das so ist, bin ich ab sofort nicht mehr deine beste Freundin!« Finja hatte das von mir und Sergej gehört.

Ich fühlte mich ehrlich mies. Ich war zu feige gewesen, es ihr selbst zu beichten.

Finja packte ihre Schulsachen und setzte sich beleidigt nach vorn zu Marie. Ausgerechnet! Ich konnte Marie nicht leiden.

Vorwurfsvoll starrte Finjas leerer Platz mich an. Wenigstens saß direkt daneben der Vater meines Kindes.

Sergej nickte mir kumpelhaft zu und ich hielt mich vorsorglich an der Tischkante fest. Noch ein lässiger Augenaufschlag von ihm und ich würde durch das offene Fenster segeln.

Frau Zelenki kam schnaufend mit zwei riesigen Sporttaschen hereingeschlurft. Sie trug eine Tunika in hellem Grau und einen Rock mit steingrauen Streifen. Wortlos legte sie zehn Babys auf das Lehrerpult. Fein säuberlich aneinandergereiht. Es sah aus, als hätte sie die Babys im Garten geerntet.

»Wer weiß schon, mit wem er das Projekt zusammen machen will?« Frau Zelenki sah uns aufmunternd an.

Ihr Blick blieb auf Finjas leergeräumtem Schreibtisch kleben. Verwundert hob sie die linke Braue.

»Jan und ich!«, polterte Philipp los. »Aber wir nehmen nur einen Jungen!«

Sergej meldete sich. »Barnie und ich sind auch ein Team.« Hinter uns hörte ich ein überraschtes Glucksen.

Finjas Arm schoss in die Luft. »Marie und ich teilen uns ein Kind!« Sie drehte sich zu mir um und guckte böse.

Frau Zelenki brachte uns unsere Puppen an den Platz. Die Babys hatten Strampler und Mützen an. Sergej stand auf und setzte sich zu mir.

»Ist doch niedlich, oder?« Er hob unsere Puppe hoch. Unser Baby war braun und hatte bernsteinfarbene Augen. Die Augen sahen mich sehnsüchtig an.

»Hurra. Es ist ein Junge, Schatz!«, hörte ich Philipp seufzen und ein paar Mädchen kicherten.

Frau Zelenki war fertig mit der Baby-Ausgabe. Sie stand jetzt wieder vor der Tafel.

»Ihr habt jetzt also alle eure Kinder zur Welt gebracht.« Der Ton ihrer Stimme war ernst und schwer. Als hätten wir alle *wirklich* Kinder bekommen. »Zunächst dürft ihr euch Namen überlegen. Das ist der erste entscheidende Schritt.«

In der Klasse entstand lautes Gelärme. Ein paar Minuten später beendete Frau Zelenki das Chaos. »Und, seid ihr euch nun alle einig geworden?«

Wir nickten.

»Philipp, wie heißt euer Junge?«

»Creature!«, antwortete Philipp.

»Unser Sohn heißt Gollum«, sagte Aysun.

»Und unsere Tochter nennen wir Lady Gaga!« Marie und Finja guckten sich einvernehmlich an.

Frau Zelenkis rechte Augenbraue wanderte nach oben.

»Barnie, wie heißt euer Liebling?« Hoffnungsvoll sah sie in meine Richtung.

Unser Liebling? Die Puppe vor mir machte keinen Mucks.

Vorschläge Barnie	Vorschläge Sergej	
Justin-Kevin Prince	Wolverine	**Herbie**
Mason-Liam Prince	Fuzzi	Greg
Prince	Speedy	Olchi
	Khal Drogo	Drops
	Scotty	Kleiner Feigling
	High Five	Ehrenmann
	Chiller	Nemo
	Yolo	Touchdown
	Naruto	Buster
	Sponge-Bob	

Ratlos guckte ich zu meinem Partner hinüber. Wir hatten einen programmierbaren Sohn und eine Liste mit ungefähr fünftausend Namen.

»Mir gefallen deine Vorschläge ehrlich gut«, flüsterte Sergej. »Aber ich bin trotzdem immer noch für Herbie.«

»Herbie? Aber so heißt doch kein Mensch!« Ich versuchte, unseren ersten Familienzwist leise zu lösen.

»Klar. Es ist schließlich auch der Name eines Autos. Aus so einem Film. Aber der Film ist echt witzig.«

»Du willst unser Baby nach einem witzigen Auto nennen?«

»Aber es ist doch nur eine Puppe!«

Ich sah stirnrunzelnd auf unser gemeinsames Plastikbaby hinab. Wenn es mein echtes, mein wirkliches Baby wäre, würde es jetzt Justin-Kevin Prince oder Mason-Liam Prince heißen.

Aber es war nur ein Schulprojekt und deshalb war es in Ordnung.

»Herbie klingt wirklich witzig!«, behauptete ich zögernd.

Also tauften wir unser Baby auf den Namen Herbie.

Mittwoch, 22. Mai, Nachmittag

»Das ist also dein schulisch verordneter Nachwuchs!«, stellte Papa fest, als ich am Nachmittag mit meiner Tragetasche nach Hause kam. Herbie war in ein Handtuch gewickelt. Er lag auf dem Rücken und schlummerte friedlich.

Dad kam aus dem Wohnzimmer geschossen. Er hatte einen uralten Kerzenleuchter in der Hand. Vorsichtig stellte er ihn zur Seite.

Es ist so, dass Dad auf alles steht, was eine Geschichte hat. Er ist verrückt nach Antiquitäten. Unsere ganze Wohnung ist voll davon. Papa sagt, das liegt am amerikanischen Minderwertigkeitskomplex. Was für uns Europäer das antike Rom ist, ist für die Amerikaner … Entenhausen. Sie können sich einfach nicht vorstellen, dass es eine Zeit vor Micky Maus, Marshmallows und der Mondlandung gab. Wahrscheinlich sammelt Dad deshalb den ganzen Plunder.

»Oh my God! Das Baby sieht ja richtig echt aus!« Dad schien ehrlich begeistert.

Meine zwei Väter standen gerührt vor der Babytasche.

»Heute Abend wird Herbie von seinem Papa abgeholt«, versuchte ich die beiden schon mal vorzubereiten. Bislang hatte ich noch nichts von Sergej erzählt.

»Seinem *Papa*?«, fragte mein Papa entsetzt.

»Herbie?«, sagte Dad verwirrt. »Ist das nicht der Name eines witzigen Autos, Darling?«

Herbie regte sich in der Tasche. Er begann, leise zu wimmern. Ich nahm ihn heraus und presste ihn eilig an mich. Schlagartig hörte er mit dem Weinen auf.

Papa fiel die Kinnlade nach unten. »Kann es sein, dass wir hier mit aller Kraft sämtliche überflüssigen technischen Geräte abwehren, nur damit die Schule unserer Tochter unsere Pläne torpediert? Kann es sein, dass es sich bei dieser Puppe in Wahrheit um einen *Computer* handelt?«

Herbie versank augenblicklich wieder im Koma. Sein kleines Köpfchen zuckte und er schnarchte leise. Wahrscheinlich hatte er in diesem Moment kapiert, dass es hier kein Kinderfernsehen und keine Playstation gab.

»Was habt ihr denn gedacht?«, fragte ich. »Dass sie uns Stoffpuppen zur Pflege austeilen? Das Programm zeichnet genau auf, ob wir gute Eltern sind. Der Computer registriert jedes Versäumnis!« Frau Zelenki hatte ständig etwas von Versäumnissen erzählt. Es gab kleine und große Versäumnisse. Das Baby nicht zu knuddeln, zu füttern oder zu wickeln war ein kleines Versäumnis. Es über Nacht in der Schultasche zu vergessen ein großes.

Ich demonstrierte meinen zwei Vätern das Sensor-Armband. Wenn Herbie schrie, pinkelte oder Hunger hatte, musste ich irgendwas machen. Es gab Windeln und es gab eine Flasche mit Babymilch. Meine einzige Aufgabe war, es nicht zu vermasseln.

»Das ist keine Puppe, sondern Plastikschrott mit einem Computergehirn!«, stellte mein Papa ungerührt fest. »Wenn das die Vorbereitung der Schule auf deine Zukunft ist, Prost Mahlzeit!«

»Augenblick mal! Immerhin redest du von meinem Baby!« Auf einmal wollte ich den kleinen Herbie beschützen.

»Und wer ist der Vater, wenn ich fragen darf, Darling?« Dad hatte seine Sprache als Erster wiedergefunden.

»Sergej aus unserem Haus«, antwortete ich möglichst nebenbei. Ich hatte keine Lust, dass meine Eltern das mit der Verliebtheit kapierten.

»Bist du etwa verliebt?«, fragte Dad.

»Was ist denn mit Finja?«, fragte Papa. »Ich dachte, du wolltest dir das Kind mit ihr teilen?«

»Finja teilt sich ihre Tochter mit Marie«, sagte ich. »Bestimmt sitzt das Baby bereits in der Yogagruppe.« Ich hatte Finja und Marie auf dem Heimweg belauscht. Sie hatten beratschlagt, wie man Babys am besten frühfördern konnte.

»Und natürlich bin ich *nicht* verliebt. Aber Sergej wohnt unter uns und das ist eben praktisch.«

»Sehr praktisch!«, schnaubte Papa. »Ich hoffe, er holt diesen Computer bald ab.«

»Ich finde deinen Herbie eigentlich ganz süß!«, murmelte Dad. »Weißt du, Barnie, das erinnert mich ein wenig an früher!«

Mittwoch, 22. Mai, abends

Früher, also als ich ein Baby war, ist Papa bei mir daheimgeblieben. Meine Väter sagen, dass es mit den Berufen zusammenhängt. Damals war es praktischer für Papa, drei Jahre Pause zu machen. Nach Papa war Dad vier Jahre zu Hause. Inzwischen gehen beide abwechselnd zur Arbeit. Papa arbeitet in einem Architekturbüro und Dad in der Berufsberatung.

Meine Väter haben mir das mit meiner Geburt haargenau erklärt. Denn das wollte ich schon mit drei Jahren wissen. Im Kindergarten hatte Finja nämlich was Doofes gesagt: Du hast nur Papas und überhaupt keine Mama!

Es war so, aber der Vorwurf hatte mich trotzdem schockiert. Auf einmal wollte ich unbedingt eine Mutter!

Dad und Papa haben es mir dann in Ruhe erklärt. Sie hatten ein komisches Bilderbuch. Die Zeichnungen waren ein bisschen schief und man sah, meine Väter hatten es selber gebastelt.

Aber die Erzählung gefiel mir, denn sie handelte von MIR. Es war, wenn man so will, meine Entstehungsgeschichte.

Das Buch berichtete von zwei Prinzen, die unbedingt ein Kind haben wollten. Eines Tages kam eine nette Fee vorbei. Sie zauberte winzige Wunderherzen in ihren Bauch, so dass er immer runder und runder wurde. Schließlich purzelte ein Baby heraus. Die Fee gab den beiden Männern das Kind und flog davon, um Urlaub zu machen.

Ganz am Ende des Buchs hatten Dad und Papa ein Foto eingeklebt. Auf dem Foto sah man eine Frau mit mir auf dem Arm. Und daneben meine zwei strahlenden Väter.

»Das ist deine Mama«, hatte Papa mir erzählt. »Sie heißt Martina und sie ist momentan in Thailand unterwegs. Wenn du größer bist, lernst du sie kennen.«

Die Erklärung reichte mir vorerst aus. Ich hatte Finja am nächsten Tag hochmütig erklärt, dass zufällig eine Fee meine Mutter sei. Den Rest des Jahres war Finja fürchterlich neidisch!

»Dad?« Ich hatte Herbie auf dem Arm und trug ihn vorsichtig durch die Wohnung.

Mein Dad saß im Wohnzimmer und klebte eine kaputte Vase. Wahrscheinlich hatte sie mal Friedrich dem Großen gehört. »Was ist denn, Barnie?«

»Warum habt ihr mich eigentlich Bernadette genannt? Ihr hättet mir einen angesagten amerikanischen Namen aussuchen können!«

»Bernadette *ist* angesagt!«, behauptete Dad. Er legte den Alleskleber beiseite und nahm mir Herbie ab. Verträumt blickte er auf meinen schnarchenden Nachwuchs. »Du kannst dich doch noch erinnern, wie Papa und ich uns kennengelernt haben?«

Klar, die Geschichte kannte ich. Dad hatte Liebeskummer gehabt, sein damaliger Freund hatte ihn verlassen. Tagelang hatte er sich in seinem Studentenwohnheimzimmer eingesperrt, bis er dort beinahe verhungert wäre. Über das Internet hatte er sich dann bei einer Datingplattform angemeldet und war dabei über das Foto meines Papas gestolpert. Die zwei hatten sich auf einem Schiff verabredet, Anlegestelle Hansabrücke, Startzeit 14:00 Uhr. Sie hatten eingekeilt zwischen einer lärmenden französischen Schulklasse und einem Skat-Club gesessen. Das Schiff fuhr 90 Minuten die Spree auf und ab. Am Ende der Flussfahrt waren die beiden zusammen und hatten seither kaum eine Nacht ohne einander verbracht.

Immer wenn ich die Geschichte höre, wird mir ganz leicht und froh und glücklich zumute. Die Liebesgeschichte meiner Väter begann also auf einem Schiff, aber was bitte hatte das mit meinem Namen zu tun?

»Und was hat das mit meinem Namen zu tun?« Ich nahm Dad den kleinen Herbie wieder ab.

»Na, das Schiff hieß Bernadette. Bernadette hat uns zusammengebracht und deshalb war immer klar, dass wir dich so nennen würden, Darling.«

Ich dachte nach. »Das Internet hat euch zusammengebracht«, erinnerte ich ihn. »Muss ich dankbar sein, dass ich nicht Google heiße?«

Dad strich mir liebevoll übers Haar. »Nein. Du musst froh sein, dass du kein Junge geworden bist. Du würdest dich sonst schrecklich unwohl mit deinem Namen fühlen.«

»Ihr habt eure Tochter also wirklich nach einem … Schiff benannt?«

Dad nickte. »Du hast deinen Sohn nach einem Auto benannt. Ich würde sagen, wir haben hiermit eine ganz wunderbare Familientradition begründet, Darling!«

Wir sahen uns an und lachten.

Es klingelte, ich legte Herbie in seine Tasche zurück und ging zur Tür, um zu öffnen.

»Hi!« Sergej machte einen unsicheren Schritt in unsere Wohnung.

»Hi! Wolltest du nicht schon vor einer Stunde kommen?«

»Ich habe dir doch eine Nachricht geschickt, dass es später wird«, sagte Sergej. »Ich war heute Nachmittag bei Philipp und Jan. Weißt du, Jan hat einen Kicker in seinem Zimmer.«

»Mein Handy ist leider tot«, erklärte ich Sergej flüsternd. Ich hatte es bislang nicht wiederbeleben können. Wenn meine Eltern erfuhren, dass ich es im Aquarium versenkt hatte, würde ich nie wieder eins bekommen.

»Dein Handy ist kaputt?« Sergej wirkte ernsthaft erschüttert. »Herzliches Beileid, Barnie! Ohne Handy wäre ich total aufgeschmissen. Ich weiß gar nicht, wie du das überleben willst. Ehrlich!«

Sergej war eine echte Hilfe. Er schielte an mir vorbei auf die Kommode im Flur. Dort stand das Hochzeitsfoto von meinen Vätern. Beide hatten marineblaue Anzüge an, weiße Nelken im Knopfloch und weiße Krawatten.

»Willst du nicht reinkommen?«, fragte ich den Papa meines Kindes.

Sergej schüttelte den Kopf. »Lieber nicht«, sagte er leise. »Sind deine Väter wirklich *verheiratet*?«

»Ja. Deine Eltern sind doch auch verheiratet.«

Sergej nickte. »Klar. Aber das ist was anderes.« Immer noch starrte er das Foto an.

Wieso sollte das was anderes sein? Ich schwieg und ging ins Wohnzimmer, um die Hundetasche zu holen. Dann drückte ich sie Sergej samt Herbie vorsichtig in die Hand. »Wenn er nicht schläft oder du Hilfe brauchst, kannst du jederzeit bei uns klingeln«, sagte ich.

»Cool. Aber ich komme bestimmt allein zurecht. Weißt du, ich hatte ziemlich lange einen Hamster.«

Donnerstag, 23. Mai

»Gut«, sagte Frau Zelenki. »Wie ich sehe, sind alle vollzählig erschienen, keine der Puppen wurde gegen Sammelsticker eingetauscht und niemand hat sein Baby auf dem Schulweg verloren. Das ist, ehrlich gesagt, mehr, als ich erwartet habe.«

Tore meldete sich. Er teilte sich sein Baby mit Jessi.

»Chantal-Rose hat heute die ganze Nacht durchgeschlafen«, berichtete er. »Sie hat alles aufgefuttert, was wir ihr gegeben haben, jedes Mal brav ihr Bäuerchen gemacht und wir mussten sie nur zweimal wickeln. Ich glaube, wir haben den Highscore erreicht. Dürfen Jessi und ich direkt weitermachen mit dem nächsten Level?«

»Es gibt kein nächstes Level«, antwortete Frau Zelenki. »Es wird ganz automatisch schwieriger.«

Alle Gespräche verstummten.

Herbie jammerte in seiner Tragetasche vor sich hin und besorgt sah ich zu unserem Baby hinunter.

»Ich glaube, er hat Hunger«, meinte Sergej.

»Nein. Ich glaube, er will herumgetragen werden«, sagte ich.

»Ich glaube, er will andere Eltern«, zischte Finja bösartig in meine Richtung.

»Schöne Grüße an Lady Gaga«, zischte ich zurück.

»Falls ihr die Yogagruppe zu langweilig wird, kann sie jederzeit zu uns rüberkommen!«

Frau Zelenki teilte Arbeitsblätter zum Thema Sexualkunde aus. »Wir versuchen, trotz der Babys ganz normalen Unterricht zu machen. Also, was fällt euch spontan zum Thema Hymen ein?«

Tore meldete sich. »Einigkeit und Recht und Freiheit?«

Frau Zelenki runzelte die Stirn.

»Ich glaube, er meint die Nationalhymne«, erklärte Marie.

»Ach so.« Frau Zelenki wirkte verwirrt. »Ich spreche aber gerade vom Jungfernhäutchen. Der Begriff ist eigentlich irreführend, denn wir haben es mit einer Hautfalte zu tun. Eine Hautfalte, die die Vagina umgibt, aber nur ganz selten verschließt. Denn, meine Damen, wie sollte sonst eure monatliche Blutung abfließen?«

*

In der vierten Stunde hatten wir Mathe bei Herrn Öksüz. Er scheuchte uns allesamt aus dem Klassenzimmer.

»Auf keinen Fall«, bellte er, als wir pflichtschuldig unsere Babys einpackten. »Erstens sind diese Puppen hässlich und stören mein ästhetisches Empfinden. Und zweitens will ich euch auf dem Pausenhof den Satz des Pythagoras erklären und dabei sind diese sonderbaren Plastikdinger im Weg.«

»Das sind keine sonderbaren Plastikdinger, sondern Simulationen von echten Babys«, klärte Marie ihn auf. »Außerdem sollten Sie als Mathelehrer mehr Respekt vor künstlicher Intelligenz beweisen. Wer sagt, dass die Babys nicht jedes Wort von Ihnen genau verstehen? Haben Sie noch nie etwas von frühkindlicher Traumatisierung gehört?«

Wir sahen erschrocken zu unseren Puppen hinunter.

»Du bist überhaupt nicht hässlich«, hörte ich Finja zu Lady Gaga flüstern. »Ganz im Gegensatz zu Herbie. Aber das hat mit seiner hässlichen Mutter zu tun.«

Missbilligend sah ich zu meiner ehemals besten Freundin hinüber.

Frau Zelenki streckte ihren Kopf durch die offene Tür.

»Haben Sie nicht Unterricht, Herr Öksüz?«

»Eigentlich schon. Wir wollten auf den Pausenhof gehen. Aber die Schüler weigern sich, ihre Babypuppen in der Klasse zu lassen.«

Entgeistert sah Frau Zelenki ihn an. »Aber das ist Teil des Projekts«, sagte sie. »In der Realität würden die minderjährigen Eltern ihre Kinder doch auch nicht einfach in einen Raum einsperren.«

»Erstens ist es statistisch gesehen absolut ausgeschlossen, dass eine Klasse gesammelt ungewollt schwanger wird. In der Realität gäbe es also höchstens ein Baby, das meinen Unterricht stören würde.

Und zweitens liest man regelmäßig in der Zeitung davon, dass Eltern ihre Kinder in Zimmer oder Kühlschränke sperren!« Herr Öksüz sah Frau Zelenki streitlustig an. Er war seit letztem Schuljahr geschieden und legte sich seitdem permanent mit allen Kolleginnen an. Vermutlich erinnerten sie ihn allesamt an seine Exfrau.

Frau Zelenki klatschte in die Hände. »Die Babys werden natürlich mitgenommen!«, entschied sie. »Ich habe gerade eine Freistunde und passe mit auf.«

Wir liefen im Gänsemarsch hinter Herrn Öksüz her. Unsere Babys schleppten wir in Tragetaschen, Brusttüchern oder einfach auf den Armen mit uns.

Im Sekretariat war heute Einschulungsgespräch für das kommende Jahr. Ein elegant gekleidetes Elternpaar stand mit kritischem Blick in der Aula.

Als unser sonderbarer Schülerzug an ihnen vorbeispazierte, sahen sie uns nachdenklich nach.

Draußen auf dem Pausenhof verteilte Herr Öksüz lange Seile an uns. Er wollte, dass wir in Kleingruppen schnellstmöglich rechtwinklige Dreiecke bauten. Wir Schüler waren quasi die Eckpunkte der Gebilde.

Wir legten unsere Babys vorsichtig auf dem frisch gemähten Rasen ab und stellten uns alle in die Mitte des Platzes.

Herr Öksüz zückte seine rote Trillerpfeife und blies

hinein. Alle Babys fingen wie auf Kommando an zu brüllen.

Aufgeregt rannten wir zurück zu unseren Kleinen.

»Frau Zelenki, wie stellen Sie sich vor, dass ich in den nächsten zwei Wochen Unterricht mache?«, schnauzte Herr Öksüz.

»Sie brauchen eben etwas Geduld«, versuchte Frau Zelenki ihn zu besänftigen. »Die Schüler sind nur noch nicht richtig eingespielt.«

Unsere beiden Lehrer halfen uns, die Kinder wieder zu beruhigen. Als nach zehn Minuten auch Creature sein Gebrüll eingestellt hatte, legten wir die Babys wieder am Rand des Pausenhofs ab und stellten uns zurück auf unsere Plätze.

Herr Öksüz hatte die rote Trillerpfeife in die Tasche seines Hemdes gesteckt. Er wirkte ein wenig ungeduldig. »Wenn ich ein Handzeichen gebe, fangt ihr an!«, sagte er leise. »Ziel ist es, innerhalb kürzester Zeit in Dreiergruppen …«

»Chantal-Rose ist von einer Mücke gestochen worden!«, schrie Tore, der vorsichtshalber noch mal zurückgegangen war.

»So ein Unsinn!«, schimpfte Herr Öksüz. »Erstens kann Plastik nicht gestochen werden und zweitens …« Ihm fiel nichts mehr ein.

Trotzdem stürzten wir alle zu Tore und seiner Tochter. Tatsächlich hatte Chantal-Rose einen roten Fleck auf der Stirn.

»Ich denke, das sind die Masern«, sagte Marie.

»Ich tippe eher auf Ringelröteln«, vermutete Aysun. Wir hatten erst kürzlich Ringelröteln an der Schule gehabt.

Panisch schnappten wir uns unsere Kinder.

»Ich glaube, es ist ein Klecks Erdbeereis!«, sagte Herr Öksüz genervt. Tatsächlich hatte Tore in der großen Pause ein Erdbeereis vom Imbiss gegenüber gegessen.

Frau Zelenki trat neben Tore. Sie rieb auf dem roten Punkt seines Babys herum und die Farbe verschwand auf wundersame Weise. »Tut mir leid, Kollege«, entschuldigte sie sich. »Normalerweise stören die Puppen den Unterricht nicht. Es sollte durchaus möglich sein, neben dem Babysitten ein wenig Mathe zu machen.«

Herr Öksüz zog die Stirn in Falten und wir legten unsere Babys wieder zurück in die Reihe.

»Also. Stellt euch bitte alle in Position!«, befahl unser Mathelehrer. »Sobald ich ein Handzeichen gebe, geht es los. Und ich bitte euch, eure Kinder für die nächsten drei Minuten einfach zu ignorieren.«

Wir trotteten lustlos zurück in die Mitte des Platzes.

Herr Öksüz reckte die Hand in die Luft. Genau als wir starteten, ging der Feueralarm los. Innerhalb von zehn Sekunden stürmten 300 Schüler zu uns ins Freie.

Die Babys fingen wieder zu plärren an und Herr Öksüz und Frau Zelenki begannen zu streiten.

Die Eltern in den eleganten Klamotten gingen unauffällig davon. Wahrscheinlich hatten sie entschieden, ihre Tochter doch in eine teure Privatschule zu stecken.

∗

Zu Hause gab es vegetarische Schinkennudeln. Papa beugte sich leise pfeifend über die Pfanne auf dem Herd, während ich am Küchentisch saß und Herbie mit seinem Fläschchen versorgte.

»Irgendwie richtig idyllisch bei uns«, gab Papa zu. »Opa von Herbie zu sein, gefällt mir eigentlich ganz gut. Wenn er nicht gerade künstlich schreit oder rülpst, wirkt er wie ein echtes Baby.«

Dad kam von der Arbeit heim. Er drückte Papa einen Kuss auf den Mund, dann streichelte er Herbie über den Kopf und schließlich gab er auch mir einen Schmatzer.

»Was habt ihr heute in der Schule gemacht?«, wollte er wissen und trank Sprudel direkt aus der Flasche.

»Creature war in der ersten Stunde absolut quengelig«, erzählte ich. »Das ist das Baby von Jan und Philipp. Jeder von uns musste den Schreihals einmal durchs ganze Schulhaus tragen. Gollum wollte den gesamten Unterricht über sein Fläschchen, in der sechsten Stunde hat Aysun ihn dann nach Hause gebracht. Marie und Finja haben während Erdkunde mit Lady Gaga eine Babymassage gemacht. Und Chantal-Rose hat ab der fünften Schulstunde nonstop geschrien. In der sechsten Stunde hat Frau Zelenki sie ausgeknipst und das System noch mal neu hochgefahren. Wisst ihr, es lag nicht an Tore oder Jessi. Das Baby hatte einfach eine Art … Wackelkontakt. Ach ja, und in der Vierten hatten wir kein Mathe bei Herrn Öksüz. Er wollte, aber das Schicksal war gegen ihn. Erst haben die Babys sich tierisch aufgeführt. Und als sie endlich ruhig waren, gab es eine Feuerwehrübung.«

Meine Väter sahen sich an.

»Oh my God. Zahlen wir eigentlich Schulgebühren?«, fragte Dad.

Papa schüttelte den Kopf und nahm die Pfanne von der Platte.

»Gut so«, murmelte Dad. »Barnie. Sollen wir für Herbie eine Nanny organisieren? Ich finde es ehrlich gesagt nicht so gut, wenn die Babys mit im Unterricht sind. Es lenkt euch nur vom Lernstoff ab und außerdem ist es … wie sagt man auf Deutsch … unrealistisch! Hättest du wirklich ein Baby, wäre es doch niemals in der Schule dabei.«

»Wieso denn unrealistisch?«, fragte Papa. »Das mit den Babys soll schließlich abschreckend sein. Die Kinder sollen sich nicht am Ende der zwei Wochen *für* eine Teenagerschwangerschaft entscheiden, weil die Zeit mit den Babys so super war. Sie müssen froh und dankbar sein, wenn die Plastikmonster wieder eingesammelt werden. Davon abgesehen, finde ich Nannys fürchterlich. Das ist durch und durch amerikanisch!«

»Ich bin auch durch und durch amerikanisch«, beschwerte sich Dad. »Ich will unsere Tochter nur unterstützen.«

»Du unterstützt unsere Tochter, indem du sie ihr Projekt *allein* bewältigen lässt«, befahl Papa. »Und nur zur Info: Ich beobachte dich genau! Wehe, du hilfst Barnie mit der Puppe!«

Donnerstag, 23. Mai, Abend

Dieses Buch ist kein Tagebuch mehr. Es ist der Roman einer sich in Lichtgeschwindigkeit entwickelnden Liebe. Eben war Sergej das erste Mal hier. Und mit *hier* meine ich wirklich hier. Nämlich in meinem Zimmer. Seine Füße haben meinen Teppich berührt, seine Augen haben meine Radiergummisammlung betrachtet. Seine Hände haben Herbie herumgetragen und ein Bäuerchen aus seinem Plastikkörper gelockt.

Und genau das ist das Problem. Sergej war nicht wirklich wegen *mir* da, sondern wegen unseres Babys. Frau Zelenki hat betont, wie wichtig es ist, dass wir uns die Aufgaben der Elternschaft teilen, und um Punkt 18 Uhr stand Sergej vor der Tür.

»Cooles Zimmer.« Er blieb vor dem Regal mit den Radiergummis stehen.

»Ich sammle die«, sagte ich.

Neugierig sahen die Fische zu meinem Besucher herüber. Sergej nahm einen Radiergummi in Form eines Schokokekses aus dem Regal. Er schnupperte daran, legte ihn zurück und schlenderte weiter. Vor dem Aquarium machte er halt. Er bückte sich und klopfte gegen die Scheibe.

»Coole Fische«, sagte er.

Der Regenbogenfisch huschte aufgebracht davon. Sergej erhob sich wieder und sein Blick wanderte über meine restlichen Sachen.

»Coole Schuhe.« Er zeigte auf die Einhorn-Sneaker von Oma und Opa, die neben dem Schuhkarton standen.

Ich war nicht sicher, ob Sergej das wirklich alles cool fand oder einfach nicht wusste, was er sonst sagen sollte.

Herbie fing an zu weinen, schnell nahm ich ihn aus seiner Babytasche.

»Wo ist überhaupt dein Computer?«, fragte Sergej, dem offenbar erst jetzt auffiel, dass etwas nicht stimmte.

»Wir haben nur einen Familien-Laptop«, gab ich kleinlaut zu. »Den benutzen meine Väter, wenn sie was für die Arbeit recherchieren müssen. Wenn wir was für die Schule machen müssen, darf auch ich ihn verwenden. Eine Konsole erlauben mir meine Eltern leider nicht. Dafür habe ich eine Jahreskarte für das Sea Life. Weißt du, meine Väter finden, dass man hin und wieder offline sein und in der Realität leben sollte. Sie begreifen einfach nicht, dass die digitale Welt die neue Realität ist.«

»Ach so.« Sergej sah mich mitleidig an.

»Und was ist das?«, fragte er schließlich und deutete auf die riesige Stereoanlage, die neben der Box mit den

Barbies stand. Die Barbies habe ich nur noch zu Forschungszwecken.

»Die Anlage hat mein Papa mir vererbt. Die ist noch aus seiner Jugend. Die CD-Sammlung dort drüben gehört auch dazu.«

In meinem Bücherregal lagerten zwanzig uralte Benjamin-Blümchen-CDs, drei CDs mit Walgesang und ein Sammelalbum Kuschelrock aus dem letzten Jahrhundert. Papa nannte es den »deprimierenden Soundtrack seiner Jugend«.

Sergej griff nach dem Kuschelrock-Album und schob die CD in das Gerät. Rod Stewart schmachtete ein romantisches »I am sailing« ins Mikro.

»Cooler Oldie.« Sergej wippte mit seinen Nikes den Takt dazu.

Sachte wiegte ich Herbie in meinem Arm. Er hatte mit dem Weinen aufgehört und ich setzte mich vorsichtig auf meine Matratze. Wenn ich saß und ihn langsam schaukelte, ging es ihm immer am besten. Sergej reichte mir das Fläschchen hinunter. Dann hockte er sich neben mich. Wir ließen Herbie an seiner Flasche nuckeln und beobachteten ihn gespannt. Wenn wir Glück hatten, schlief unser Baby ein und wir hatten eine Stunde Zeit, um die Mathehausaufgaben zu machen. Herr Öksüz hatte nicht das geringste Verständnis für unser Projekt. Er fand Algebra und Geometrie wichtiger als Teenagerschwangerschaften.

»Nächstes Mal können wir uns auch bei mir unten treffen«, sagte Sergej. Er rückte ein Stück näher an mich heran. »Ich habe eine Xbox und echt viele Spiele. Und einen eigenen Fernseher sowieso. Außerdem kommen meine Eltern meist erst um sieben von der Arbeit heim. Ich habe also fast jeden Nachmittag sturmfrei!«

»Cool«, hauchte ich, weil ich nicht wusste, was ich sonst sagen sollte.

Ich hatte nie sturmfrei. Einer meiner Väter war eigentlich immer daheim. Und wenn sie mal nicht da waren, klingelte alle paar Minuten das Telefon. Die beiden hatten schreckliche Angst, dass mir etwas passierte.

»Wir haben eine Küchenmaschine und ich kann dir einen Smoothie machen«, fuhr Sergej fort. »Einen Erdbeersmoothie. Meine Mutter hat mir gezeigt, wie's geht.«

»Einen Erdbeersmoothie?« Das Wort klang süß und verführerisch und einen Moment roch es tatsächlich nach Erdbeere. Ich starrte Sergejs Lippen an. Sein Gesicht näherte sich meinem. Ein Smoothie … meine Oma aus Bayern sagte immer »Schmusi« dazu.

Erdbeerschmusi … unsere Gesichter waren nun ganz nah beieinander.

Es klopfte und wie aus dem Nichts stand Papa im Raum. Es ging so schnell, als hätte er sich direkt vom Wohnzimmer hierhergebeamt. Mitten ins von Knutsch-Musik ausgefüllte Zimmer.

Ich bekam einen solchen Schreck, dass mir Herbie aus der Hand fiel. Er plumpste zwischen meinen Beinen hindurch und fiel auf den Boden.

»SOS!«, sagte Sergej. »Du hast unser Kind fallen lassen!«

Eilig bückte ich mich und drückte unseren Sohn an mich.

»Äh. Hi!«, sagte Papa und ein roter Fleck entstand quer über seiner Stirn. »Ich habe dir aus dem Wohnzimmer drei Nachrichten geschickt. Aber offenbar hast du dein Handy ausgeschaltet.«

Sergej und ich saßen mit schuldbewussten Gesichtern da. Womöglich hatte ich den kleinen Herbie geschrottet! Vorsichtig betrachtete ich ihn von allen Seiten. Wäre Papa nicht einfach so in mein Zimmer geplatzt, wäre so etwas Peinliches doch niemals passiert!

»Was ist denn los, Papa?«

»Äh.« Der rote Streifen auf seiner Stirn wurde breiter. »Ich wollte nur nachsehen, ob auch alles in Ordnung ist.«

»Eben war noch alles in Ordnung«, sagte ich. »Bevor du hier hereingestürmt bist!« Herbie sah noch genauso aus wie immer und er gluckste zufrieden vor sich hin. Vielleicht hatte ihm der Sturz in die Tiefe sogar gefallen.

Papa stand immer noch reglos in der Mitte des Zimmers. Sein Blick wanderte in Zeitlupe von meiner

Radiergummisammlung zum Aquarium hinüber. Er schraubte sich kurz am Schuhkarton auf dem Boden fest, glitt über mich und Herbie hinweg und blieb schließlich auf Sergej kleben.

»Eternal Flame«, flötete es aus der Stereoanlage. Das war der zweite Song auf dem Album, die Band hieß Bangles.

»Und ihr kommt wirklich zurecht?« Papa sah Sergej streng an. »Ihr seid ja doch noch sehr jung. Und vielleicht überfordert. Übrigens ist die Musik für ein Kleinkind viel zu laut.« Er löste sich endlich aus seiner Starre, marschierte zum CD-Player hinüber und drückte auf Stopp. Die Bangles schwiegen beleidigt.

»Du musst dir überhaupt keine Sorgen machen. Sergej und ich sind ein super Team«, beruhigte ich ihn und reichte Herbie vorsichtig zu seinem Vater hinüber.

Sergej nickte. »Das stimmt. Wir sind super. Kein Grund zur Panik.«

Papa nickte. »Gut. Eigentlich wollte ich auch nur sagen, dass wir euch jederzeit unterstützen. Ihr könnt euch rüber zu uns ins Wohnzimmer setzen und wir kümmern uns gemeinsam um Herbie.«

»Ein anderes Mal vielleicht«, sagte ich. »Toll, dass du mir jetzt doch helfen willst, Papa! Hast du nicht heute Mittag gesagt, dass es wichtig ist, dass ich es alleine schaffe?«

»Das habe ich mir kurzfristig anders überlegt.« Papa warf Sergej einen misstrauischen Blick zu.

»Ich muss jetzt sowieso nach Hause.« Sergej stand auf. Auf einmal hatte er es eilig. »Wenn du Unterstützung brauchst, gib einfach Bescheid. Du kannst ja mit den Fäusten auf den Boden hämmern, Barnie.«

Wir hatten entdeckt, dass unsere Zimmer genau übereinanderlagen. Nur eine Betondecke trennte uns. Wenn ich meinen Kopf auf den Teppich legte, konnte ich hören, ob Sergej zu Hause war.

Verwirrt sah Papa meinem entschwindenden Kindsvater hinterher. »Mit den Fäusten auf den Boden hämmern? Ich frage mich, wozu wir dir ein teures Handy gekauft haben, Barnie! Wenn du Hilfe brauchst, kannst du Sergej eine Nachricht schicken oder bei ihm anrufen. Du kannst die paar Stufen nach unten gehen und wie jeder normale Mensch bei ihm klingeln. Oder du fragst am besten gleich Dad und mich! Ich habe doch bereits angeboten, dass wir dich jederzeit sehr gerne unterstützen!«

Er ging zurück ins Wohnzimmer und kurz darauf tönte langweilige Jazzmusik zu mir herüber.

Als ich fünf Minuten später mit Herbie um die Ecke kam, war Papa in seine Zeitung vertieft und Dad schnarchte auf dem Sofa. Super Unterstützung.

Freitag, 24. Mai

Tore meldete sich, noch ehe Frau Zelenki das Klassenzimmer ganz betreten hatte. Wir sahen alle ziemlich mitgenommen aus. Niemand unterhielt sich, sondern alle gähnten.

»Ja, Tore?« Frau Zelenki streifte ihre aschgraue Regenjacke ab und schrieb das Wort »Empfängnisverhütung« an die Tafel.

Draußen regnete es in Strömen. Herbie hatte die halbe Nacht geschrien und war erst morgens um vier Uhr endlich eingenickt.

»Jessi und ich wollen fragen, ob wir Chantal-Rose umtauschen können. Sie hat schon wieder einen Wackelkontakt. Sie heult ehrlich die ganze Zeit. Heute Nacht habe ich nicht eine Minute geschlafen.« Tore sah wirklich schlecht aus. Er war leichenblass, hatte Augenringe und zerzaustes Haar. Außerdem trug er die gleichen Klamotten wie gestern.

»Du übertreibst sicherlich«, sagte Frau Zelenki. »Die Kollegin aus dem Jugendamt hat die Babys extra so programmiert, dass sie nachts hin und wieder weinen. Hättet ihr echte Babys, sähen eure Nächte leider genauso aus. Wir wollen das Projekt so lebensnah wie nur möglich gestalten.«

Tore meldete sich wieder.

»Ja?«

»Chantal-Rose hat *wirklich* die ganze Nacht geschrien. Erst auf dem Weg zur Schule hat sie damit aufgehört. Können wir sie auf Werkseinstellung zurücksetzen?«

Frau Zelenki runzelte die Stirn. Man sah ihr an, dass sie ihm kein Wort glaubte. »Wo ist Jessi überhaupt abgeblieben?«, fragte sie. Der Platz neben Tore war leer. Auf dem Tisch lag Chantal-Rose, das Plastikbaby schlief absolut friedlich.

»Krank«, sagte Tore verzweifelt. »Ab heute bin ich auch noch alleinerziehend. Ich schwöre Ihnen, Chantal-Rose hat ein technisches Problem. Vielleicht einen fiesen Computervirus. Irgendwas stimmt mit der Software dieses Babys nicht!«

»Wie ist es der restlichen Klasse mit den Babys ergangen?«, fragte Frau Zelenki.

Philipp meldete sich. »Jan und ich haben Creature gestern Abend mit zur Halfpipe genommen. Und er hat die ganze Zeit voll gechillt zugeguckt. Alle Mädels wollten unsere Handynummern haben, weil sie es megasüß finden, dass wir uns in unserer Freizeit um ein Baby kümmern.«

Philipp und Jan klatschten sich ab. Sergej hob den Kopf. Er wirkte für einen Augenblick neidisch.

Marie reckte ihre Hand in die Höhe. »Lady Gaga ist auch ein Goldschatz!«, sagte sie. »Sie hört sofort mit dem Weinen auf, wenn man ihr vorliest. Aber keine Kinderbücher, sondern Fachliteratur.«

Beeindruckt sahen wir zu der hochbegabten Mutter des hochbegabten Plastikbabys hinüber.

»Aysun und Lara, wie sieht es bei euch beiden aus?«, fragte Frau Zelenki freundlich.

»Meine Mama will, dass ich türkisch mit Gollum spreche«, seufzte Aysun. »Außerdem findet sie, dass der Name Gollum abscheulich ist. Sie besteht darauf, dass das Baby nach meinem Großvater heißt. Aber das Gleiche will Laras Mama auch. Jetzt heißt Gollum Orkan-Hasan, wenn er bei mir ist, und Hans-Peter, wenn er bei Lara ist. Wenn wir zusammen unterwegs sind, nennen wir ihn weiter Gollum.«

»O. K. Und wie macht sich Herbie?« Frau Zelenki sah mich aufmunternd an.

»Nachts hat er viel geweint«, gab ich zu. »Aber gestern Abend war es total schön mit ihm. Sergej war da und hat mir geholfen. Wir haben ihn zusammen gefüttert und Herbie war absolut brav.« Dass er mir auf den Boden gefallen war, verschwieg ich lieber.

Frau Zelenki räusperte sich. »Heute wollen wir über ein wichtiges Thema sprechen«, sagte sie. »Empfängnisverhütung. Was habt ihr darüber schon alles gehört?«

Tore sah unsere Lehrerin entmutigt an. Chantal-Rose hatte angefangen zu wimmern. »Also ehrlich gesagt habe ich inzwischen überhaupt kein Interesse mehr an Geschlechtsverkehr. Ich lasse lieber meine Finger von dieser Sache.«

Marie meldete sich. »Ich bin eigentlich auch gegen Sex. Aber eher aus hygienischen Gründen.«

»Ich will sowieso warten bis zu meiner Hochzeitsnacht«, sagte Aysun und gähnte.

Frau Zelenki sah uns nachdenklich an. »O. K. Für den unwahrscheinlichen Fall, dass irgendjemand aus dieser Klasse doch irgendwann einmal Sex haben sollte: Es gibt einige sehr sinnvolle Erfindungen auf diesem Gebiet. Wir fangen am besten bei den Kondomen an, denn sie bewahren nicht nur vor ungewollter Schwangerschaft, sondern schützen auch vor zahlreichen Geschlechtskrankheiten.«

*

»Was habt ihr heute so alles in der Schule gemacht?«, fragte Dad. Es war Freitag: Pommes-Tag. Er stand in der Küche und kämpfte mit dem Backblech.

»In der ersten Stunde hat Frau Zelenki uns alles über Empfängnisverhütung erklärt. In der zweiten Stunde hatten wir eigentlich Englisch, aber das fiel aus, weil Chantal-Rose geschrien hat. Stattdessen haben wir einen Animationsfilm über die Pille gesehen. In Geschichte hat Marie spontan ein Referat über Verhütung im alten Ägypten gehalten. Stell dir mal vor, die brauchten dafür jede Menge Krokodil-Kacke und saure Milch. Zum Glück gibt es heutzutage an jeder

Ecke Kondome! Weißt du, Frau Zelenki hatte welche zum Ausprobieren dabei und Lara musste eines über einen Holzpenis stülpen.« Ich gähnte ausgiebig. Herbie war unten bei Sergej. Wenn ich ehrlich war, war ich froh. Es war erst der dritte Tag mit Kind und schon war ich reif für die Insel.

»Lara musste bitte schön was?« Papa kam mit einem verlausten Margeritenstrauch vom Balkon in die Küche marschiert. Er stellte den Topf vor mir ab. »Sexualkunde ist wichtig, das ist mir vollkommen klar. Aber ich will nicht mit meiner 13-jährigen Tochter über … Krokodil-Penisse diskutieren!«

»Krokodil-Kacke und Holz-Penisse!«, korrigierte ich ihn.

»Es geht mir nicht um die Details. Es geht um … Es geht um …« Er schwieg.

Dad lächelte. »Barnie. Lässt du Papa und mich einen Augenblick allein? Wir rufen dich, wenn das Essen fertig ist.«

Das kannte ich schon. Wenn meine Väter diskutieren, machen sie das am liebsten allein. Ich schlurfte ins Wohnzimmer hinüber und kuschelte mich in die Sofakissen.

»Willst du etwa, dass unsere Tochter *nicht* verhütet?«, hörte ich Dad fragen. »Oder warum regst du dich eigentlich so auf?« Die Tür war geschlossen, aber man verstand jedes Wort. Ich sage ja, Privatsphäre ist in dieser Familie das Fantasiewort des Jahres.

»Natürlich will ich, dass unsere Tochter irgendwann mal verhütet. Die Betonung liegt auf *irgendwann*. Denn wenn ich dich erinnern darf: Sie ist erst 13! Was hast du mit 13 gemacht? Also ich für meinen Teil war im Tischtennisverein und das Wort Kondome konnte ich noch nicht mal buchstabieren.«

»Als ich 13 war, habe ich anonyme Liebesbriefe an den Zeitungsjungen geschrieben«, antwortete Dad. »Und keinen einzigen davon abgeschickt. Aber die Zeiten haben sich eben geändert. Und lieber wird sie zu früh mit solchen Themen konfrontiert als zu spät oder gar nicht. Sonst haben wir demnächst nämlich einen echten Herbie im Haus. Und ich brauche wohl nicht zu erwähnen, dass das dann mehr Vorbereitung erfordert als eine geliehene Hundetasche!« Langsam aber sicher redeten die zwei sich in Rage. Der Klang von Dads Stimme lullte mich ein, ich wurde immer müder und müder.

»Wenn *meine* Tochter das erste Mal Sex hat, soll es schön für sie sein, sie soll sich keine Krankheiten holen und vor allem nicht ungewollt schwanger werden!«, hörte ich meinen Dad noch sagen. »Und sie soll sich jederzeit mit allen Fragen vertrauensvoll an ihre Eltern wenden können! Und zwar ohne dass einer ihrer beiden Väter einen hysterischen Anfall bekommt.«

»Ich will unsere Tochter doch nur beschützen!«, ertönte die verzweifelte Antwort meines Papas. »Außerdem habt ihr Amerikaner die Hysterie doch überhaupt erst erfunden! Ich bin nicht hysterisch, sondern verantwortungsvoll. Und *meine* Tochter wird erst Sex haben, wenn sie alt genug ist. Also frühestens in sechs, sieben Jahren! Ich möchte einfach nicht, dass Barnie zu früh zu etwas gedrängt wird, das sie überhaupt nicht will. Und ich will verhindern, dass irgendein dahergelaufener Typ ihr das Herz bricht.«

Manchmal waren mir meine Väter ein Rätsel. Ich fand, es war überhaupt nichts dabei, im Unterricht über Verhütung zu reden. Die Jungs hatten ein paar doofe Witze über die Krokodile gemacht und wir Mädchen hatten so getan, als ob wir alles längst wüssten. Und Lara hatte für ihre todesmutige Präsentation mit dem Holzpenis einen extra langen Applaus bekommen.

Ich hörte noch den Namen Sergej. Sergej … Papa wollte offenbar nicht, dass ich allein mit ihm war. Und auf keinen Fall wollte er, dass wir uns unten in Sergejs Zimmer trafen. Die Antwort meines Dads war ein ungläubiges Lachen. »Come down to earth! Unsere Tochter wird eben langsam erwachsen! Du kannst nicht alle Gefahren vor Barnie fernhalten.«

Dann schlief ich ein. Die Pommes aßen meine Väter ohne mich. Die beiden waren so nett, mich erst nach drei Stunden zu wecken.

Freitag, 24. Mai, nachts

Ich bin eine tragische Gestalt, gefangen im Körper eines 13-jährigen Mädchens. Mein totes Handy habe ich heimlich im Geranientopf auf dem Balkon beigesetzt. Der Junge, den ich liebe, ist mit seinen Eltern zu einem Familienfest abgereist. Und seit heute habe ich nicht mal mehr ein eigenes Bett, sondern muss auf dem Sofa im Wohnzimmer schlafen.

Ich habe völlig vergessen, dass meine Großeltern auf der Heimreise von der Ostsee bei uns vorbeischauen wollten. Als sie um Punkt 18 Uhr klingelten, ist Papa vor Schreck beinahe aus den Hausschuhen gekippt.

»Um Himmels willen, was macht ihr denn hier?«

»Warum klingst du so hysterisch?«, antwortete meine Oma beleidigt. »Wir haben uns seit mindestens zwei Monaten nicht mehr gesehen! Hat Barnie uns nicht angekündigt? Ich habe ihr vier SMS mit unserer Ankunftszeit geschickt. Wir haben euch übrigens einen Strandkorb von der Ostsee mitgebracht. Dein Vater versucht gerade, ihn vom Hänger auszuladen.«

In Wahrheit mag Papa Oma wahnsinnig gerne. Aber er kommt mit ihrer *raumgreifenden Art* nicht zurecht. Ich habe nie verstanden, was genau er damit meint. Ich finde meine Oma einfach nur spitze.

Dad kam neugierig aus dem Bad. Er trug seine Ausgehjeans und den Blazer.

»Ein Unglück kommt selten allein!«, jubelte Dad und er und Oma lagen sich in den Armen, als hätten sie sich seit der Erfindung der Glühbirne nicht mehr gesehen. Papas Gesicht wurde immer länger.

Opa kam schwer schnaufend die Treppe nach oben. »Alleine schaffe ich den Strandkorb nicht. Kann mir mein kräftiger amerikanischer Schwiegersohn bitte helfen?«

Opa und Dad klopften sich gegenseitig auf die Schultern, als wären sie zwei Gangster-Rapper aus einem YouTube-Clip. Papa sah auf die Uhr.

»Wir sind eigentlich gerade auf dem Weg zum Planungstreffen für den CSD«, unterbrach er die Wiedersehensfreude.

»CSD. Ist das eine neue Partei oder so?« Oma schob ihre Reisetasche an uns vorbei in Richtung meines Zimmers. »Euer Flur braucht neue Farbe«, bemerkte sie. »Dieses Beige macht depressiv. Ich werde euch einen Anstrich in Apricot spendieren!«

»Der CSD ist die jährliche Parade der LGBTQ-Community«, erklärte Dad. »Eine Demo für Lesben Schwule, Trans …«

»Es geht dabei um Menschen wie uns«, kürzte Papa die Sache ab.

Oma seufzte und blieb im Türrahmen stehen. »Eine Parade? Ach. Warum wollt ihr denn um jeden Preis auffallen? Das ist doch unnötig gefährlich. Was, wenn es einen Anschlag gibt? Barnie, du gehst doch nicht etwa mit zu dieser Demo?«

Ich schüttelte den Kopf. Früher hatte ich meine Väter manchmal begleitet. Sie hatten mir Plakate gebastelt, auf denen standen Sätze wie: »Ich liebe meine zwei Väter!« oder »Ich bin ein Gayby«. Aber seit ein paar Jahren hatte ich keine Lust mehr darauf und ging stattdessen lieber mit Finja ins Freibad.

Finja … Ob sie mich auch irgendwie vermisste? Es gab so viel, das ich ihr erzählen wollte. Aber umgekehrt schien es nicht so zu sein.

»Wir wollen nicht auffallen, sondern unsere Lebensweise stolz zeigen«, sagte Papa. »Außerdem geht es um Politik. Wusstest du, dass in vielen Staaten der Welt Homosexualität verboten ist? Es steht Gefängnis darauf, in 15 Ländern sogar die Todesstrafe. Überall auf der Welt werden Menschen ausgegrenzt, schikaniert und ermordet, nur weil sie sich in die vermeintlich falsche Person verlieben. Deshalb gehen wir auf die Straße!«

»Wenn du mir so etwas erzählst, kann ich nachts nicht mehr schlafen«, erwiderte Oma bedrückt. »Außerdem weiß ich das alles und genau deshalb mache ich mir auch solche Sorgen um euch.« Sie sah sich hilflos um. »Vanille sähe im Flur übrigens auch ganz gut aus!«

Dad und Opa schleppten einen riesigen Strandkorb in unsere Wohnung.

»Ist das nicht eine tolle Überraschung?«, fragte Oma begeistert.

Papa starrte den Strandkorb an. »Mama«, sagte er. Dann sagte er nichts mehr.

»Wir könnten uns Sand liefern lassen«, schlug ich vor. »Und aus dem Wohnzimmer einen Indoor-Beach machen. Herbie fände das sicher toll. Ein mega Sandkasten in der Wohnung!«

»Wer ist Herbie?«, fragte Oma.

»Mein Baby«, sagte ich.

»Wie gut, dass wir spontan vorbeigekommen sind«, entschied Oma. »Hier fehlt nicht nur ein neuer Fluranstrich, sondern eindeutig die unterstützende Hand einer Großmutter!«

Samstag, 25. Mai, nachmittags

Heute Vormittag bin ich mit Oma, Opa und Herbie zu Ikea gefahren. Oma hat alle möglichen Sachen für unsere Wohnung gekauft. Einen neuen Teppich für den Flur, Aufbewahrungsboxen für Dokumente und Unmengen an farbigen Vorhängen und Gardinen. Herbie haben wir vorübergehend zu der netten Kinderbetreuerin ins Bällebad gesetzt und sind dann schnell ins Restaurant gegangen.

Dort durfte ich alles essen, was ich wollte. Sogar die Torte, die nur aus Zucker besteht und von der Papa behauptet, dass garantiert ein Amerikaner sie erfunden hätte.

Nach unserer Einkaufsorgie hat Oma bezahlt und wir sind mit dem Auto wieder Richtung Stadt aufgebrochen. Auf halber Strecke ist Opa aufgefallen, dass Herbie fehlt, und wir sind augenblicklich zurück zu Ikea.

Die Babysitterin hat sich ziemlich aufgeregt, denn in der Zwischenzeit hat Herbie total laut geschrien! Ein paar kleine Kinder, die ebenfalls im Bällebad waren, sind in das Geschrei mit eingefallen und überall sprangen heulende Kleinkinder und ihre völlig aufgelösten Eltern herum. Zu guter Letzt baute sich der Filialleiter vor meinen Großeltern auf und fragte über den Lärm hinweg, warum sie seine Angestellten und Kunden mit einem Plastikspielzeug terrorisierten. Da erzählte Oma ihm von dem Schulprojekt und beteuerte, ich hätte Herbies Existenz lediglich kurzfristig vergessen.

Der Filialleiter hat meinen Großeltern angedroht, dass er einen saftigen Beschwerdebrief an meine Schule schreibt. Und mir hat er zugezischt, ich solle auf keinen Fall jemals ungewollt schwanger werden.

Samstag, 25. Mai, abends

Papa und Dad standen schweigend vor dem Gardinenberg.

»Aber ihr *braucht* Vorhänge!«, sagte Oma fast flehend.

»Das ist sehr nett, aber wir würden schon gerne selbst entscheiden, ob und mit was wir unsere Fenster verhängen!«, murrte Papa.

»Gefallen euch die Farben nicht?«, fragte Oma unsicher.

»Doch, natürlich. Aber wir haben bereits Jalousien, die wir sehr mögen. Und jetzt kommst du ohne Vorwarnung mit Teresia, Matilda und Ingmarie an.«

»Was kann ich dafür, dass die Gardinen alle Frauennamen haben?«, verteidigte sich Oma.

»Der Teppich heißt übrigens Renate«, stellte Dad fest. »Und die Aufbewahrungsbox Tjena.«

»Tjena ist schwedisch und bedeutet Hallo!«, mischte Opa sich ein. »Beschwert ihr euch jetzt etwa, weil wir euch Geschenke mitgebracht haben?«

»Nein. Es geht eher um das *wie*«, sagte Papa. »Wir fahren doch auch nicht zu euch und richten euer Haus neu ein. Es tut mir leid, aber das ist einfach übergriffig.«

Herbie fing zu weinen an und somit war der Familienrat fürs Erste beendet. Das Abendessen verlief ungewohnt schweigsam und Oma und Opa verschwanden ziemlich früh in meinem Zimmer.

Sonntag, 26. Mai

Oma und Opa sind wieder abgereist.

Draußen war es heute richtig kalt. Nur zwölf Grad – und das im Frühling!

»Ich glaube, es hängt mit meiner Mutter zusammen«, mutmaßte Papa und legte sich erschöpft auf das Wohnzimmersofa. »Sie macht alle verrückt. Sogar das Wetter.«

»Ich habe dem nichts hinzuzufügen.« Dad ließ sich in den Strandkorb fallen. Teresia, Matilda und Ingmarie hatte Papa vorhin in den Keller geräumt. Nur Renate und Tjena durften bleiben.

»Wisst ihr, Oma hat Sorge, dass jemand uns von der Straße aus beobachten könnte. Sie hat Angst, dass etwas passiert.« Ich ging zum Fenster und starrte nach unten. Eigentlich sah alles recht friedlich aus. »Wir könnten uns vorsorglich Pfefferspray organisieren.«

»Auf keinen Fall«, antwortete Papa. »Wir werden nicht anfangen, uns zu bewaffnen.«

»Darf ich heute mit Sergej ins Kino?« Ich drehte mich wieder zu meinen Vätern um.

Schweigend wechselten sie einen Blick miteinander.

»Und Herbie?«

»Herbie kommt natürlich mit. Im Cineast gibt es Kinderwagenkino.«

»Kinderwagenkino?« Papa dehnte das Wort unnatürlich lang. »Das klingt wie eine moderne Art der Folter.«

»Finja und Marie kommen auch mit«, behauptete ich. Das war eine glatte Lüge.

»Gut«, entschied Papa. »Aber danach kommt ihr sofort wieder heim. Und nimm dein Handy mit, damit Dad und ich dich jederzeit erreichen können.«

»Logisch!« Ich sah verlegen zum Balkonfenster raus. Der Geranienstrauch tropfte vor sich hin und Regenwasser sickerte in die tiefschwarze Erde.

*

»Echt kalt heute«, sagte Sergej. Wir hatten Herbie notdürftig in meinen kratzigen Wollschal gewickelt und trugen abwechselnd seine Tasche.

»Das Wetter hängt irgendwie mit meiner Oma zusammen«, sagte ich.

Verständnislos sah Sergej mich an.

»Sie ist *raumgreifend*«, erklärte ich. »Aber heute früh sind meine Großeltern wieder abgefahren.«

Wir stiegen die U-Bahn-Treppe hoch und rannten zum Kinoeingang. Vor uns sah man den Fernsehturm. Man konnte mit dem Aufzug ganz nach oben fahren und dort frühstücken. Und während man gemütlich sein Brötchen aß, drehte sich das Restaurant einmal im Kreis. So, dass man nicht mal aufstehen musste, um die Aussicht zu wechseln!

Dad und Papa hatten dort ihren zehnten Hochzeitstag gefeiert – und obwohl es schon ein paar Jahre her war, konnte ich mich noch genau an alles erinnern!

»Warst du schon mal da oben?«, fragte Sergej und deutete zum Fernsehturm.

Ich nickte. »Weißt du …« Ich wollte ihm das vom Hochzeitstag meiner Väter erzählen, aber dann ließ ich es bleiben. Wir hatten das Kino erreicht. Ungefähr tausend Kinderwagen parkten im Foyer. Mit den anderen Besuchern drängten wir uns in den Saal. Wegen der mitgebrachten Babys hörte man es überall weinen und brabbeln.

»Hoffentlich schläft Herbie durch«, murmelte Sergej und suchte uns einen Platz in der Mitte.

Hoffentlich fasst Sergej während des Films nach meiner Hand, dachte ich. Ich hatte das in einem Liebesfilm gesehen. Erst hatte der Junge die Hand des Mädchens berührt. Und dann hatten die beiden ganz plötzlich wild in ihrem Kinositz herumgeknutscht und das ganze Popcorn war auf den Boden gekullert.

»Soll ich uns noch Popcorn holen?«, fragte ich.

»So ein Zufall!« Marie setzte sich mit Lady Gaga im Arm direkt neben mich und Sergej.

Finja war auch dabei. Sie trug Lady Gagas Babytasche.

»Hallo«, sagte Sergej überrascht.

»Tjena«, brummte ich enttäuscht.

»Seit wann kannst du Schwedisch?«, fragte Marie.

Herbie begann leise zu glucksen.

Finja sagte nichts. Sie setzte sich einfach hin und guckte stur Richtung Leinwand.

Der Raum wurde dunkel und die Vorführung fing an. Der Streifen war eine Dokumentation und hieß »Die Ostsee von oben«. Es war leider der einzige Film, der lief.

Ich musste an Oma denken. Bestimmt hätte der Film ihr und Opa gefallen. Ob mein Vater die Vorhänge behalten hätte, wenn sie Gunnar, Nils und Björn heißen würden?

Schlagartig fing Herbie zu brüllen an.

Ich stand freiwillig auf und quetschte mich mit Herbie durch die Besucherreihe nach draußen.

Im Foyer saß eine Mutter auf einer Bank und stillte ihr Baby. Ihr riesiger Busen hing in der Gegend herum.

Ich riss mich von dem Anblick los und marschierte mit Herbie zum Klo hinüber. Es gab einen einzigen Wickeltisch und davor eine endlose Schlange.

Die Frauen in der Schlange unterhielten sich darüber, wie dick oder flüssig die Kacke ihres Babys war. Eine beschwerte sich, dass es in der Windel stank, wenn sie den Vollkornbrei einer bestimmten Marke kaufte.

Mir wurde schlecht und ich ging zurück ins Foyer.

Herbie heulte immer noch und ich begann, ihn auf dem Tresen des Getränkestands zu wickeln.

»He. Du kannst dein Baby nicht einfach hier wickeln!«, motzte die junge Verkäuferin.

Sie hatte mehrere bunte Tattoos am Arm – und ein silbernes Piercing in der Lippe.

»Es ist kein *echtes* Baby«, sagte ich.

»Trotzdem. Es geht ums Prinzip. Stell dir mal vor, wenn jede Frau anfängt, hier ihr Baby zu wickeln!«

Ich zeigte zu der stillenden Mutter hinüber.

»Und warum darf die hier einfach stillen?«

»Weil Stillen nicht stinkt«, erklärte mein Gegenüber.

»Die Windel meines Babys stinkt aber auch nicht«, betonte ich. »Weil es nämlich keine *echte* Windel ist!«

»Wäre es ein echtes Baby, würde es aber stinken!«, beharrte die junge Frau hinter der Theke.

Finja, Marie und Sergej kamen um die Ecke.

»Was macht ihr hier?« Wegen des Streits mit der Verkäuferin und Herbies Dauergebrüll war ich schon total fertig.

»Der Film war für Lady Gaga zu brutal«, erklärte Marie. »Ich habe keine Lust, dass sie heute Nacht Albträume von meterhohen Wellen bekommt! Außerdem hat sie seit fünf Minuten Schluckauf. Gibt's hier Probleme?«

»Ja. Ich darf Herbie nicht auf dem Tresen wickeln, sondern soll mich am Wickeltisch anstellen. Was ungefähr so lange dauert, bis Herbie volljährig ist.«

Empört sah Finja die Verkäuferin an. »Sie haben wohl selbst keine Kinder?«, sagte sie verächtlich.

Die junge Frau hinter der Theke verdrehte die Augen.

Sergej trat dazwischen, schnappte sich Herbie und wickelte ihn im Handumdrehen. Fasziniert sah die Verkäuferin ihm dabei zu. »Kommt nicht so oft vor, dass hübsche Jungs in meiner Gegenwart Babys wickeln.«

»Das ist ja wohl die Höhe!«, kam mir Finja unerwartet zu Hilfe. »Erst verbieten Sie meiner Freundin, ihr Baby auf dem Tresen zu wickeln. Und dann flirten Sie auch noch mit ihrem …« Sie wusste nicht, was sie sagen sollte.

»Freund«, schlug Marie vor.

»Projektpartner«, sagte Sergej.

»Wie dem auch sei. Ich spendiere euch vier eine Cola!«, lenkte die Verkäuferin versöhnlich ein.

»Wollen wir unsere Baby-Apps vergleichen?« Finja setzte sich an einen der Bistrotische im Foyer. »Guckt mal, ich habe eine echt witzige Spieluhr-App entdeckt. Und eine App mit Einschlafliedern.« Sie spielte uns ein paar Kostproben vor. Die Melodien klangen vertraut und beruhigend.

»Ich habe eine kostenpflichtige Babyphon-App, die berechnet, in welcher Schlafphase das Kind gerade ist«, tönte Marie. Sie reichte mir Lady Gaga hinüber und ich nahm sie auf den Schoß. »Außerdem habe ich eine Baby-Wetter-App gekauft, die einem genau empfiehlt, wie man das Kleine anziehen soll. Wie ich sehe, habt ihr Herbie ja heute nur notdürftig in einen Schal gewickelt.«

Lady Gaga hatte einen Norweger-Pulli für Babys an. Wahrscheinlich hatte Marie ihn während irgendeiner Fortbildung gestrickt.

Sergej zückte sein Handy. »Ich habe auch eine tolle App entdeckt. Seht mal, damit kann man Spielplätze in der Gegend abchecken. Die rot markierten sind die mit den Halfpipes. Und die grün markierten die, bei denen es Eisstände gibt.«

Erwartungsvoll sahen Finja und Marie mich an.

»Mein Handy ist tot«, gestand ich traurig.

»Du hast dein echt teures neues Handy ernsthaft gekillt?« Finja hob die Augenbrauen.

»Passiert dir das öfter mit technischen Geräten?«, fragte Marie. Besorgt sah sie zu Herbie in seiner Tasche hinunter und nahm mir Lady Gaga wieder vom Schoß.

Die Verkäuferin räumte die leeren Flaschen ab und berührte wie zufällig Sergejs Schulter.

»Ich fürchte …«, sagte Finja ernst, »Frauen stehen auf Männer mit Babys.«

*

Dad ließ seine Zeitung sinken. Er hockte im Strandkorb und las. Der Strandkorb stand jetzt in unserer Küche. Papa saß daneben am Tisch und tippte irgendwas in den Computer. Als ich mit Herbie nach Hause kam, klappte er rasch den Familien-Laptop zu und verstaute ihn wieder in der Kommode.

»Seit wann arbeitest du am Sonntag?«, fragte ich.

Ich war tropfnass und rubbelte Herbie mit einem Handtuch trocken.

»Ausnahme«, murmelte er. »Ich musste nur rasch etwas recherchieren.«

»Wie war der Film, Darling?«, fragte Dad.

»Vom Film habe ich eigentlich nicht viel mitbekommen«, gab ich zu.

Papa sah mich skeptisch an. »Aha. Warst du etwa abgelenkt?«

»Na logisch!« Ich reichte Herbie zu Dad hinüber und trocknete mit dem Handtuch mein feuchtes Haar. »Geh du doch mal mit zwei Babys ins Kino. Hat Martina mich eigentlich gestillt? Oder habe ich diesen ekligen Vollkornbrei bekommen, von dem die Windel so schrecklich stinkt?«

Papa wirkte verwirrt. »Natürlich wurdest du gestillt. Obwohl wir uns kurz überlegt haben, dich mit Astronautennahrung zu füttern. Brei bekommen Babys übrigens frühestens ab dem fünften Monat.«

»Dein Stuhlgang hat trotzdem gestunken«, erinnerte sich Dad. »Das war die reinste biologische Waffe! Aber wir haben es überlebt und lieben dich trotzdem.«

»Stört es euch eigentlich, dass ich ein Mädchen bin und kein Junge?«

Meine Väter sahen mich an, als hätte ich den Verstand verloren.

»Wollen wir Scrabble spielen?«, beantwortete Papa meine Frage.

Ich schüttelte den Kopf. »Sergej kommt gleich noch mal hoch und sagt Herbie gute Nacht.«

»Sergej?« Mein Papa runzelte die Stirn. »Aber du hast doch schon den gesamten Nachmittag mit ihm verbracht.«

Ich nickte. »Ja. Du hast die gesamten letzten 17 Jahre mit Dad verbracht.«

Papa sah besorgt in meine Richtung. »Wann sind eigentlich die Sprechzeiten deiner Lehrerin? Ich möchte wirklich ein paar Dinge mit Frau Zelenki bereden.«

Montag, 27. Mai

Sergej und ich hockten nebeneinander im Rektorat. Rektor Emmerich war krank und Frau Zelenki saß hinter dem wuchtigen Schreibtisch. Sie hatte uns nach der ersten Stunde herbestellt, um etwas Privates mit uns zu besprechen. Hatte mein Papa seine Androhung also doch wahr gemacht? Hatte er bei meiner Lehrerin angerufen, um sich zu beschweren?

Mein Blick glitt über die vielen Ordner im Regal. Ich fühlte mich ehrlich unbehaglich.

Frau Zelenki öffnete eine Mappe. »Es ist mir ein bisschen unangenehm, euch auf diese Sache anzusprechen ...«, fing sie an. »Aber ihr wisst ja, vor mir kann man rein gar nichts verbergen. Und offenbar besteht Redebedarf!«

Redebedarf? Ich hatte bestenfalls Erholungsbedarf. Heute Nacht hatte ich mal wieder kaum geschlafen.

»Dieses Projekt ist für euch alle eine ungewohnte Situation«, fuhr Frau Zelenki fort. »Ihr entdeckt ganz neue Seiten an euch. Seiten, die ihr vorher noch gar nicht kanntet. Und hin und wieder entstehen Gefühle, die euch überwältigen. Gefühle, für die ihr unter Umständen noch nicht reif genug seid.« Immer wenn sie das Wort *Gefühle* sagte, wurde ihre Stimme eine

Oktave tiefer, und sie sah uns eindringlich an. »Das ist alles gar nicht schlimm, sondern absolut normal. Und deshalb wollte ich mit euch beiden reden. Gibt es also irgendetwas, das ihr mir beichten wollt?«

Ich wurde rot. Sergej machte den Mund auf, aber ich war schneller. »Es ist so, dass mein Papa …«

Frau Zelenkis Braue wanderte nach oben.

»Also, mein Papa ist einfach überängstlich. Er sieht Gefahren, wo gar keine sind. Und er hat Angst, dass Sergej und ich …« Ich wusste nicht, wie ich den Satz zu Ende bringen sollte. Also umschiffte ich das schwierige Thema. »Diese Gefühle, von denen Sie da eben gesprochen haben. Also Gefühle zwischen zwei Menschen, die sich mögen …« Komischerweise wurde auch meine Stimme beim Wort Gefühle ein bisschen tiefer und mein Blick hüpfte wie ein Pingpongball zwischen Frau Zelenki und Sergej hin und her. »Dabei ist die Angst meines Papas völlig unbegründet! Denn Sergej und ich sind nichts weiter als Freunde.«

Frau Zelenki nickte.

»Schulfreunde!«, beeilte ich mich zu erklären. »Aber wir sind kein Liebespaar. Wir kümmern uns wirklich nur um den kleinen Herbie!«

Endlich war es ausgesprochen. Ich hörte Sergej neben mir laut ausatmen und Frau Zelenki räusperte sich. »Also Kinder, ehrlich gesagt ist mir das völlig egal. Ihr dürft euch verlieben, in wen ihr möchtet. Es geht mir hier eher um Herbies Schleudertrauma.«

»Was für ein Schleudertrauma?«, fragten Sergej und ich wie aus einem Mund.

»Offenbar habt ihr euer Baby fallen lassen!« Frau Zelenki schob uns einen Computerausdruck über den Tisch. Darauf war ein Diagramm mit Tagen und Uhrzeiten zu sehen und ein ziemlich auffälliger roter Zacken am letzten Donnerstagabend.

»Man nennt dieses Gefühl Überforderung!«, sagte Frau Zelenki verständnisvoll. »Der Alltag mit einem Baby bringt einen einfach an seine Grenzen. Dann kann es passieren, dass man unachtsam wird. Oder habt ihr Herbie etwa geschlagen?«

»Geschlagen?« Entsetzt sah ich meine Lieblingslehrerin an. »Ich würde mein Kind doch niemals schlagen!«

»Ich auch nicht!«, beteuerte Sergej. »Er ist Barnie nur aus der Hand gerutscht.«

✳

»Jetzt bleib doch stehen!« Sergej rannte hinter mir her die U-Bahn-Treppe hinunter. Ich hatte Herbies Tasche fest an mich gepresst. Auf keinen Fall wollte ich jetzt mit Sergej reden. Aber er schlüpfte gerade noch rechtzeitig durch die Tür und ließ sich schwer atmend in den Sitz neben mich plumpsen.

Uns gegenüber saß eine alte Frau. Sie sah erst lächelnd die Tragetasche an. Dann mich und dann Sergej. Ihre Lippen verwandelten sich zu einem schmalen Strich.

»Ist es ein Er oder eine Sie?«, wollte sie schließlich von Sergej wissen.

»Ein Es!«, blaffte Sergej.

Kopfschüttelnd vertiefte sich die Frau in ihre Zeitschrift. Auf der Titelseite war das Foto irgendeiner Schauspielerin abgedruckt. Strahlend hielt sie ihr neugeborenes Baby in den Armen.

»Warum bist du seit dem Gespräch mit Frau Zelenki so schlecht gelaunt?«, fragte Sergej. »Ist doch nicht so schlimm, dass sie dahintergekommen ist. Oder denkst du, sie wird das Jugendamt informieren?«

Offenbar meinte er das im Spaß, aber ich konnte nicht lachen. Ich gab mir solche Mühe mit Herbie! Und trotzdem hatte ich alles falsch gemacht.

Diese Frau aus der Zeitschrift würde ihren Sohn bestimmt nie fallen lassen!

Mir stiegen Tränen in die Augen. Auf einmal wurde mir alles zu viel. Herbie, der ständig nach seinem Fläschchen oder einer neuen Windel schrie. Mein Papa, der nicht wollte, dass ich alleine mit Sergej war. Mein verbuddeltes Handy, mit dem ich keine einzige App mehr abrufen konnte. Frau Zelenki, die mich verdächtigte, mein eigenes Baby geschlagen zu haben! Sergej, der überhaupt nicht kapierte, was Sache war. Dass ich Herzklopfen bekam, wenn er in meiner Nähe war. Dass ich ihn richtig, richtig, richtig liebte.

»Wie soll ich mich fühlen, wenn jeder denkt, ich wäre eine Rabenmutter!«, entfuhr es mir. »Frau

Zelenki glaubt wirklich, ich würde den Kleinen verprügeln!«

»Aber du hast unser Baby doch gar nicht geschlagen«, redete Sergej beruhigend auf mich ein. »Du hast ihn nur fallen lassen. Ich hab's genau gesehen.« Die Frau gegenüber legte ihre Zeitschrift zur Seite. »Wer heutzutage alles Kinder bekommt!«, sagte sie.

Die U-Bahn hielt und ein Typ mit einer riesigen Dogge schlurfte herein. Der Hund stürmte schwanzwedelnd zu Herbies Tasche.

»Er riecht, dass es eigentlich eine Hundetasche ist«, vermutete Sergej. »Wir sollten vielleicht mal die Hundehaare entfernen.«

Die alte Frau stand wortlos auf. Sie lief langsam davon, ganz ans Ende des Zuges.

∗

»Bekommst du jetzt einen Verweis wegen Kindesmisshandlung, Darling?«, fragte Dad halb im Scherz. Er saß auf meiner Bettkante und streichelte mir tröstend über das Haar. Obwohl es mitten am Tag war, hatte ich dringend ein paar Minuten Ruhe gebraucht. Herbie lag schnarchend neben mir. Die ganze Aufregung um seine Person schien ihn nicht weiter zu stören.

»Quatsch. Aber jetzt habe ich es schwarz auf weiß, dass ich eine schlechte Mutter bin. Wahrscheinlich kriege ich eine Sechs in Kindererziehung.« Dad lachte. »Nun lass mal die Kneipe im Dorf. Ich finde, du machst das ganz hervorragend mit Herbie. Und es ist auch beeindruckend, was für ein tolles Team du und Sergej seid. Wie eine richtige Familie eben!«

Herbie grunzte bestätigend.

»Außerdem geht es bei diesem Projekt doch genau darum. Ihr sollt eben nicht früh schwanger werden …«

»… und am von Scherben übersäten Strand unseres Lebens landen«, beendete ich den Satz.

»Übrigens war Sergej da, während du geschlafen hast. Er will heute Abend für dich kochen. In einer Stunde sollst du unten sein. Wow! Ein richtiger Gentleman, dieser Junge.«

»Echt?« Schlagartig war ich wieder hellwach. »Und was ist mit Papa? Ich glaube, er mag es nicht so gerne, wenn ich allein bei Sergej bin.«

»Dein Papa hat eine Verabredung und braucht nichts davon zu erfahren.« Mit einem verschwörerischen Zwinkern stand Dad auf und verließ mein Zimmer.

*

Um sechs stand ich mit Herbie im Gepäck unten bei Sergej. Ich hatte mir extra meine Lieblingsjeans angezogen und das Sweatshirt aus Amerika. Außerdem trug ich die Einhorn-Schuhe von Oma und Opa. Vielleicht fand Sergej sie wirklich cool.

Sergej öffnete die Tür. Es roch nach Tomatensauce und ich folgte ihm neugierig durch den Flur.

»Hier links ist mein Zimmer«, erklärte Sergej. »Stell Herbie einfach irgendwo ab. Ich kümmere mich noch schnell um das Essen.«

Ich stellte die Tragetasche auf den Boden. Verstohlen sah ich mich um. An der Wand klebten Poster von Rennfahrern und Boxern. Ein paar Autogrammkarten von Formel-1-Siegern waren auch dabei. Bislang war ich noch nie in Sergejs Zimmer gewesen.

Der Fernseher auf der Kommode lief. Es kam eine Reportage über einen kaufsüchtigen Stuntman. Man sah, wie er durch eine Feuerwalze sprang und aus einem explodierenden Auto hüpfte. Auf Sergejs PC lief ein Computerspiel – ein Zombie schielte hinter einem Baum hervor, direkt in meine Richtung.

Hatte sich Sergej etwa *hier* um Herbie gekümmert, wenn er in den letzten Tagen an der Reihe gewesen war?

Sergej kam zurück und servierte mir eine dampfende Schüssel Nudeln mit Sauce.

»Ist nur aus der Dose«, entschuldigte er sich. »Soll ich umschalten, Barnie? Oder willst du lieber weiter die Sendung sehen?«

Im Fernsehen sah man den kaufsüchtigen Stuntman, wie er zwei Bügeleisen für den Preis von einem kaufte. Unsicher zog ich die Schultern hoch. Sergej griff an mir vorbei und stellte den Ton des Computerspiels leiser. »The Walking Dead«, erklärte er. »Ziemlich anders hier als bei euch oben, oder?«

Der kaufsüchtige Stuntman kaufte noch zwei Thermoskannen, einen Sandwichmaker und einen Föhn. Dann brach er weinend vor der Kamera zusammen.

»Ja. Ziemlich anders als bei uns.« Ich hockte mich aufs Bett und begann, die Nudeln zu essen. Interessant: Je länger ich hier war, desto besser gefiel es mir. Ich war richtig gespannt, was mit dem Stuntman passieren würde. Gleich würde man ihn zu Hause sehen, wo er seiner Frau alles beichten musste. Zumindest zeigte das die Vorschau, die während der Werbepause eingeblendet war. Echt sonderbar. Da hatte einer überhaupt keine Angst vor Flammen und Explosionen – und dann fürchtete er sich vor einem Sonderangebot!

Sergej schaltete den Fernseher aus.

»Sag mal, Barnie …« Er stockte.

»Äh, ja?« Eigentlich fand ich es schade, dass wir den zweiten Teil der Reportage verpassten.

»Was du heute Vormittag gesagt hast, also während des Gesprächs mit Frau Zelenki …«

Ich wischte mir Tomatensauce vom Mund. »Was meinst du?«

Sergej kratzte sich etwas unbeholfen am Kopf. Seine Haare waren frisch rasiert. Wahrscheinlich machte das seine Mutter. Er sah wirklich aus wie ein Fußballstar. Neben dem Bett stand ein großer Pokal, bis zum Rand angefüllt mit gezuckertem Popcorn. Sehnsüchtig starrte ich den Popcornberg an.

»Also, das mit dir und mir. Dass dein Papa sich Sorgen macht. Weil er Angst hat, dass wir uns verlieben könnten.«

War das wirklich echt? Saß ich im Zimmer meines heimlichen Schwarms und er redete endlich von *Liebe*?

Sergej stand auf. Er kratzte sich schon wieder am Kopf. »Weißt du, du bist anders als all die anderen Mädchen. Ich meine, diese witzigen Sneaker und so. Ich mag sogar deine Radiergummisammlung. Den Pokal habe ich übrigens beim Halbmarathon gewonnen.«

Ich löste endlich meinen Blick davon. Wahrscheinlich war jetzt der Moment, irgendetwas Passendes zu sagen.

»Ähm.« Ich wusste einfach nicht was. »Ich glaube, Herbie braucht eine frische Windel!«

Ich sprang hoch und bückte mich runter zu unserem Baby. Immer noch schlief Herbie tief und fest. Trotzdem hob ich ihn aus der Tasche. Sergej und ich standen uns jetzt gegenüber. Den Plastik-Herbie wie einen Schutzschild zwischen uns.

»Ich wollte dir eigentlich schon am Donnerstagabend sagen, dass ich dich toll finde«, gestand Sergej endlich. »Aber dann ist Herbies Schleudertrauma dazwischengekommen.«

»Äh …«

Herbie in meinem Arm begann leise zu schnarchen.

»Also …« Ich wurde rot und mein Gehirn setzte aus. »Echt jetzt?« Für einen Moment vergaß ich völlig, was der nächste logische Schritt war. Zum Glück setzte mein Verstand schnell wieder ein.

Dann beugte ich mich über Herbies Plastikkopf hinweg und Sergej und ich küssten uns mindestens zwanzig Sekunden.

Dienstag, 28. Mai

Eine Sache verstehe ich nicht: Wir müssen uns jeden Vormittag in die Schule quälen, Montag bis Freitag, mindestens sechs Stunden lang. Und dennoch verheimlichen uns die Erwachsenen die wirklich wichtigen Dinge!

Hier also die Fakten, die ich in der *Apotheken-Umschau* im Altpapier fand: Man verbrennt etwa 20 Kalorien bei einem leidenschaftlichen Kuss. Es kommen knapp 40 Gesichtsmuskeln zum Einsatz und Küssen ist die gesündeste Tätigkeit der Welt. Es beschleunigt den Herzschlag, lässt die Temperatur ansteigen und schüttet Glückshormone aus. Im Lauf eines Lebens verteilen wir 100 000 Küsse.

100 000! Das heißt, nach meinem Kuss mit Sergej gestern Abend bleiben für dieses Leben noch 99 999 Küsse übrig.

»Barnie?« Frau Zelenki riss mich aus meinem Tagtraum. Ich war im Stuhlkreis mit offenen Augen eingenickt!

»Ja?« Meine Mitschüler starrten mich unsicher an.

»Du bist eingeschlafen und hast komische Schmatzgeräusche gemacht«, sagte Finja, um mir auch noch den letzten Rest an Würde zu rauben.

»Ich habe euch gebeten, Gefühle aufzuschreiben, die euch einfallen, wenn ihr an Elternschaft denkt«, katapultierte mich Frau Zelenki in die Unterrichtsstunde zurück. In der Mitte des Stuhlkreises brannte eine Kerze. Daneben lagen beschriebene Notizzettel herum. Jeder von uns hatte ein Stück Papier in der Hand und einen Filzstift, um etwas Kluges aufzuschreiben. Die Babys hatten wir für eine halbe Stunde zu Herrn Emmerich ins Rektorat gestellt. Die Ruhe im Klassenzimmer war einfach nur herrlich.

»Momentan seid ihr alle Mütter und Väter«, sagte Frau Zelenki. »Welche Emotionen außer Überforderung habt ihr in den letzten Tagen mit euren Babys bei euch bemerkt?«

Aysun kritzelte ein »Liebe!« auf den Zettel und legte ihn auf dem Boden ab. Marie legte eilig ein »Ehrgeiz!« daneben.

»Ist Müdigkeit ein Gefühl?«, fragte Tore erschöpft und einige von uns nickten wissend.

»Sergej?« Frau Zelenki sah Sergej aufmunternd an. Ich blickte sehnsüchtig zu ihm hinüber. Sergej hatte sich extra nicht neben mich gesetzt, damit die anderen in der Klasse nichts merkten. Es brauchte ja nicht jeder sofort zu kapieren, dass wir zusammen waren.

Zusammen!

Was für ein schönes Wort! Als hätte ich meine zweite Hälfte gefunden.

»Zeitmangel?«, sagte Sergej. Ich klebte an seinen Lippen. Sergej ... Wie gut er aussah! Wie schön seine Stimme klang! Augenblick mal! Was sagte er da gerade?

»Wenn ich ehrlich bin, vermisse ich es schon, dass ich jetzt kaum mehr Zeit habe, was zu unternehmen«, drang Sergejs Antwort zu mir vor. »Seit Herbie da ist, war ich kein einziges Mal mehr Basketball spielen. Dabei mache ich das sonst fast jeden Tag. Und an Computerspielen oder Fernsehen ist zurzeit auch kaum zu denken. Zumindest nicht mehr so wie vorher.«

»Zeitmangel ist kein Gefühl«, sagte Frau Zelenki. »Nennen wir es lieber ›Angebundensein‹?«

»Eher Angekettetsein!«, verbesserte Sergej.

»Seid ihr eigentlich wirklich zusammen?«, flüsterte Aysun mir zu. Anscheinend wusste es also doch schon die ganze Klasse.

Ich schluckte. Fühlte Sergej sich wirklich *angekettet* mit mir? Bis eben war ich der Überzeugung gewesen, es machte ihm Spaß mit mir und Herbie!

»Barnie? Warum hast du eine Zahl aufgeschrieben?«, wollte Frau Zelenki wissen. Verwirrt sah ich nach unten. Die Zahl 99 999 blinkte mich an. Eilig schloss ich die Hand um meinen Zettel.

*

»Sei doch nicht so! Haben wir jetzt deshalb eine Familienkrise?«, fragte Sergej. Wir standen auf dem Pausenhof, die Tasche mit Herbie zwischen uns, und ich schlürfte beleidigt meine Limo.

»Du hast vor der ganzen Klasse gesagt, dass du dich *angekettet* fühlst mit Herbie und mir!«, blaffte ich ihn an.

»Als müssten die anderen Mitleid mit dir haben. Mitleid, weil du und ich und Herbie eine Familie sind!«

Sergej seufzte. »Reg dich ab. Immerhin habe ich nicht *Mordlust* geschrieben wie Finja. Jeder in der Klasse wusste, dass sie damit nicht ihr Baby meint.«

Ich zuckte mit den Schultern. Genau genommen hatte ich nur darauf gewartet, wann Finja und Marie endlich damit anfangen würden, sich auf die Nerven zu gehen. Offenbar war der Zeitpunkt erreicht.

»Barnie.« Verstohlen griff Sergej nach meiner Hand. »Ich dachte, wir zwei sind jetzt fest zusammen!«

»Sind wir ja auch!« Der Kuss kehrte in meine Erinnerung zurück. Er hatte nach Tomatensauce geschmeckt. Und ein bisschen nach gezuckertem Popcorn. Vor lauter Leidenschaft hatte ich Sergej gegen den Pokal gedrückt – und das Popcorn war auf den Boden gekullert. »Aber das gerade in der Klasse war echt fies von dir. Wieso fühlst ausgerechnet du dich angekettet? Du bist doch in Wahrheit viel freier als ich. Die meiste Zeit kümmere schließlich ich mich um Herbie.«

»Das stimmt doch gar nicht!« Sergej ließ meine Hand wieder los. »Wir teilen uns die Zeit absolut fair. Eine Nacht hast du ihn, eine Nacht ist er bei mir. Und tagsüber wechseln wir uns ab. Wie kommst du zu dieser Behauptung?«

»Wenn du Herbie hast, kümmerst du dich nicht *wirklich* um ihn!«, warf ich ihm vor. »Er liegt in seiner Tasche herum und du spielst Computerspiele. Oder schaust irgendeinen Schwachsinn im Fernsehen an. Wenn Herbie bei mir ist, mache ich wenigstens was Sinnvolles mit ihm. Ich trage ihn herum, singe ihm was vor oder kuschle mit ihm. Du reagierst nur, wenn er nach dem Fläschchen schreit. Als wäre er irgendein dämliches Haustier.«

»Ach. Soll das heißen, dass ich ein schlechter Papa für Herbie bin? Übrigens hatte *deine* Familie die Idee mit der Hundetasche!«

Wütend sahen wir uns an.

Tore kam über den Pausenhof zu uns getrottet. Chantal-Rose hatte er in einem Tragetuch um seine Brust geschnallt. Das Tragetuch hatte er aus alten Geschirrtüchern gebastelt. Er gähnte und wankte gefährlich. »Streitet ihr beiden etwa?«

Wir schüttelten die Köpfe. Chantal-Rose begann zu wimmern und Tore strich ihr sanft über den Kopf. Dann redete er leise auf sie ein, als wären all die anderen Schüler überhaupt nicht da und als wäre Chantal-Rose ein echtes Baby.

»Merkt ihr was?«, fragte Sergej. Tore und ich sahen ihn an. »Dieses Projekt macht uns alle verrückt. Wir reden mit Plastik. Wir streiten uns wegen Plastik. Wir sind übermüdet wegen Plastik. Ich weiß gar nicht, was das alles soll! Wenn ihr mich fragt, ich brauche dringend einen Tag Auszeit.«

*

»Barnie, was machst du denn hier?« Normalerweise gehe ich nie unangemeldet zu Martina. Sie hatte eine Küchenschürze an. Trixie sprang an meinen Beinen hoch und begrüßte mich kläffend.

»Ich war gerade in der Nähe«, behauptete ich. »Außerdem wollte ich dir endlich mal Herbie vorstellen. Du weißt schon, mein Babyprojekt. Wegen ihm habe ich mir deine Hundetasche geliehen.«

Martina beugte sich über ihn. »Das heißt, ich bin jetzt Oma?«

»So ungefähr. Was backst du denn gerade?«

»Hundekekse für Trixie. Ich habe aus dem Internet ein geniales Rezept. Übrigens habe ich vor ein paar Tagen mit deinem Papa telefoniert. Ich glaube, er macht sich Sorgen um dich.«

Ich lief hinter Martina her in die Küche. Es duftete wirklich gut. Trixie konnte sich freuen.

Martina zog das Blech mit den Keksen aus dem Ofen und stellte es vorsichtig auf den Tisch. »Willst du was trinken, Barnie?«

Ich setzte mich. Martina wartete meine Antwort gar nicht erst ab, sondern schob mir ein Glas Rhabarbersaft hinüber. Das Zeug schmeckte klebrig und süß und ich musste an den versprochenen Smoothie denken. Sergej hatte ihn immer noch nicht für mich gemacht. Martina verschwand für ein paar Minuten. Dann kehrte sie wieder zurück. Ich bekam mit, dass sie sich mir gegenübersetzte. Sie wedelte mit irgendetwas vor meinem Sichtfeld herum. Sergej … Was er wohl gerade machte? Joggte er in der Gegend herum? Traf er sich mit seinen Freunden? Oder hockte er einfach in seinem Zimmer vor dem PC und kämpfte gegen einen hässlichen Zombie? *Auszeit.* Ich begann, dieses bescheuerte Wort zu hassen!

»… erst, wenn der richtige Zeitpunkt gekommen ist. Und nie soll dich ein Junge zu irgendetwas zwingen. Verstanden, Barnie?«

»Äh. Wie bitte?« Ich sah Martina unsicher an. Sie wedelte immer noch mit einem kleinen, in viereckige rote Folie eingeschweißten Kreis vor meiner Nase herum und wirkte ziemlich verlegen.

»Hast du mir etwa nicht zugehört?« Martina reichte einen der Kekse zu Trixie hinunter. Begeistert machte sich der Hund darüber her.

»Aber mich zwingt doch gar niemand zu irgendwas!« Ich hatte keine Ahnung, wovon sie redete.

Martina schob mir das Viereck über den Tisch. »Es ist immer gut, wenn man Kondome hat. Du weißt nie, was passiert. Und wann es passiert. Im Unterricht habt ihr ja schon darüber gesprochen. Und wenn es so weit ist, bist du vorbereitet. Natürlich nicht jetzt. Und auch nicht morgen. Aber vielleicht … irgendwann. Und falls du es doch nicht benötigst, kannst du immer noch eine Wasserbombe daraus machen.«

Die Hitze schwappte mir ins Gesicht. Das wurde ja immer besser!

»Ich brauche doch keine Kondome!«, sagte ich entsetzt. »Ich brauche Netflix und ein iPad. Für den Anfang reicht auch ein neues Handy.«

»Ist ja auch nur eine Vorsichtsmaßnahme. Dein Papa hat mich gebeten, dieses Gespräch mit dir zu führen. Und wieso denn ein neues Handy? Die beiden haben dir doch zu Weihnachten erst eins geschenkt.«

Mein Papa? Genervt ließ ich das eingeschweißte Kondom in meiner Hosentasche verschwinden. Ich weiß nicht, wie es um die Familien von anderen 13-jährigen Mädchen in diesem Land steht. Aber meine war offenbar nicht mehr zu retten!

Mittwoch, 29. Mai

»Wir werden uns heute Teilmengen widmen«, sagte Herr Öksüz und zeichnete einen Kreis auf die Tafel.

Wir sahen ihn aus müden Augen an. Es war erst die Hälfte der Projektzeit vorbei und wir alle waren am Ende. Jan und Philipp fehlten schon den ganzen Vormittag. Wahrscheinlich waren sie mit Creature zu einer Eltern-Kind-Kur geflüchtet.

»Einmal angenommen, die Schule bietet ab morgen eine Kita an. Also kostenfreie Betreuung für Babys von Schülern.«

»Und Schülerinnen!«, korrigierte Marie.

Herr Öksüz zeichnete zehn verunstaltete Babys in den Kreis. »Da eine Erzieherin krank ist, können aber nur sieben Babys einen Platz bekommen. Wie viel Prozent der Babys bleiben also ohne …«

»Ich melde Chantal-Rose hiermit an!«, sagte Tore sofort.

»Lady Gaga wird auf gar keinen Fall fremdbetreut!«, stellte Marie klar. »Das hat einen negativen Einfluss auf das Bindungsverhalten.«

»Man könnte die fehlende Erzieherin durch einen Praktikanten ersetzen«, schlug Sergej vor. Wütend sah ich Herbies Papa an. Er hatte sich gestern den ganzen

Tag verdrückt und war nicht mal am Abend kurz hochgekommen.

Herr Öksüz seufzte tief. »Erstens handelt es sich hier um ein Beispiel. Und zweitens bitte ich um mehr Aufmerksamkeit. Es kann nicht sein, dass ihr ständig während der Mathestunde eure Babys wickelt!«

Vorwurfsvoll sah er Aysun an.

»Babys kacken, wann es ihnen gefällt«, sagte Aysun. »Denen ist egal, ob wir gerade Mathe, Englisch oder Geschichte haben.«

»Mir kommt es aber so vor, als würden eure Babys statistisch gesehen sehr häufig während Mathe in die Windel machen.«

Es klopfte und Frau Zelenki kam ins Zimmer.

»Schön, dass das mit dem Unterricht doch einigermaßen klappt«, sagte sie, als sie Herrn Öksüz an der Tafel stehen sah – hinter ihm verschiedene Zeichnungen von mehr oder weniger gelungenen Babys.

»Wir fordern ab sofort kostenlose Kinderbetreuung an der Schule!«, begrüßte Finja sie.

»Ja, genau. Wir wollen uns schließlich auf den Unterricht konzentrieren!« Aysun war mit dem Wickeln fertig und drückte Gollum einen Kuss auf den Po.

Herr Öksüz verzog das Gesicht und Frau Zelenki musterte die Zeichnungen an der Tafel.

»Ihr müsst dafür einen Antrag im Sekretariat stellen«, sagte sie. »Aber bis Rektor Emmerich den liest, ist das Schuljahr vorbei.«

Wir machten enttäuschte Gesichter.

»Was wollen Sie überhaupt hier?«, fragte Herr Öksüz.

»Sie unterstützen«, sagte Frau Zelenki betont nett. »Ich habe eine Freistunde und dachte …«

»Das nächste Kind wickeln Sie!«, entschied unser Mathelehrer. »Also. Neues Beispiel. Impftag in der Kinderarztpraxis Sonnenschein. Es sitzen 20 Mütter mit ihren Babys im Wartezimmer. Der Arzt schafft drei Scharlach-Impfungen in der Stunde. Die Praxis hat von 11 Uhr bis 15 Uhr auf. Wie viel Prozent …«

»Wieso sitzen da eigentlich nur Mütter?«, fragte Tore vorwurfsvoll.

»Mein Kind wird auf keinen Fall geimpft!«, sagte Marie.

»Es gibt eine App mit Impfempfehlungen für Babys!«, fiel Finja ein. »Ich glaube, sie ist kostenfrei. Wollt ihr den Namen haben?«

Alle kramten gleichzeitig ihre Handys aus den Schultaschen, obwohl das während des Unterrichts eigentlich verboten war. Wegen der Baby-Apps hatten wir aber eine Ausnahme erstritten.

Finja buchstabierte den Namen der App und meine Mitschüler tippten emsig in ihre Displays. Ich legte eine Gedenkminute für mein verendetes Handy ein.

»Zurück zur Arztpraxis Sonnenschein!«

»Ich glaube, Chantal-Rose hat in die Hose gemacht«, sagte Tore. Gollum fing laut zu brüllen an. Herbie bekam einen Schluckauf.

Herr Öksüz drückte Frau Zelenki die Kreide in die Hand. Dann verließ er ohne einen weiteren Kommentar das Zimmer.

*

Ich lag deprimiert auf dem Boden meines Zimmers. So also fühlte sich echter Liebeskummer an. Es war ziemlich ungewiss, ob ich dieses Gefühl überleben würde.

Die Gestalt meines Papas tauchte über mir auf. Sein Gesicht war versteinert. In der einen Hand hielt er mein dreckverkrustetes Handy. In der anderen eine Klarsichthülle, in der wie zum Beweis ein Klumpen Zigarettenstummel, eine durchweichte Smartiesrolle und eine halb verrottete Liste mit alphabetisch geordneten Jungennamen lagen.

»Barnie. Sag mir bitte, dass es sich hierbei nicht um das Handy handelt, das Dad und ich dir zu Weihnachten gekauft haben!«

O. K. Man konnte auch am Tiefpunkt seiner eigenen Existenz noch eine Etage tiefer sinken.

»Es ist kaputtgegangen«, gestand ich leise.

»Du hast dein nagelneues Handy geschrottet?«

Ein paar Erdkrümel bröselten auf mich herab und vermischten sich mit den Tränen auf meiner Wange. »Sagen wir so: Das Handy ist von uns gegangen.«

»Barnie! Das ist nicht witzig! Was macht das Handy im Geranientopf? Mal abgesehen von all diesen anderen Sachen?«

»Ich dachte, Archäologen in 10 000 Jahren werden sich freuen.« Ich stand auf. »Das Handy ist mir ins Aquarium gefallen«, gab ich zu. »Es war echt keine Absicht, sondern ist einfach so passiert. Die Zigaretten und diese komische Namensliste gehören aber Dad! Damit habe ich rein gar nichts zu tun!«

Erst jetzt entdeckte Papa, dass ich heulte. »Barnie! Das ist doch nicht so schlimm! Wegen eines technischen Geräts muss man nicht weinen.« Er drückte mich übertrieben fest an sich. »Es gibt viel Schlimmeres im Leben. Schwere Krankheiten, Todesfälle oder Liebeskummer.«

Ich nickte.

»Weißt du was? Jetzt rufst du erst mal Finja an. Es wird Zeit, dass ihr beiden euch wieder vertragt.«

Liebeskummer

In mir verdorrt eine einst blühende Rose.
Ihre Dornen bohren sich
in mein Fleisch.
Die welken Blätter
sie fallen wie Tränen.
Sergej.
Sergej.
Sergej.
Warum meldest du dich nicht?

(Wäre es anders,
wenn ich ein Handy hätte?)

Mittwoch, 29. Mai, Nachmittag

»Bist du in der Zwischenzeit etwa Dichterin geworden?« Finja legte mein Notizbuch auf den Nachttisch zurück. Ich saß verheult auf meinem Bett, Herbie im Arm, und ließ mich von meiner besten Freundin trösten. Das mochte ich am allermeisten an ihr: Sie war kein bisschen nachtragend. Nach meinem Anruf war sie sofort hergeradelt. Auf dem Schreibtisch lag Lady Gaga und wartete weinend darauf, gewickelt zu werden.

»Du musst dich um dein Baby kümmern«, schniefte ich.

Finja schüttelte gleichgültig den Kopf. »Lady Gaga ist so hochbegabt, sie kann sich inzwischen selber wickeln! Zumindest ist das die Meinung von Mama-Marie. Mama-Marie! Weißt du, wie sie mich nennt? Fußball-Mama! Als wäre ich ein gefühlloser Pfosten.«

Sie reichte mir ein Taschentuch und ignorierte das Geschrei ihrer Plastiktochter. »Und du bist sicher, dass Sergej dich verlassen will? Ich meine, ihr seid doch erst seit 48 Stunden zusammen!«

Ich hatte Finja die ganze Geschichte erzählt. Finja war Expertin, was Jungs betraf. Nach dem Schullandheim letztes Jahr war sie eine Woche mit Sven aus der Parallelklasse zusammen gewesen. Und auf einer Geburtstagsfete hatte sie mit dem bescheuerten Philipp geknutscht. Aber Philipp hatte es keinen Spaß gemacht, also hatte er Finja gleich wieder verlassen. Kein Wunder, dass ich ihn nicht leiden konnte.

Lady Gagas Geheule wurde immer lauter. Inzwischen klang es nicht mehr wie Babygeschrei, sondern wie die Alarmanlage eines gestohlenen Autos.

Ich sah die Computerpuppe traurig an. Wenigstens Herbie schlief tief und selig. »Sergej und ich haben uns gestern richtig gestritten«, gestand ich Finja. »Ich habe ihm vorgeworfen, dass er ein schlechter Vater ist. Dabei finde ich das in Wahrheit gar nicht. Nach der Schule ist Sergej dann einfach abgezischt und heute hat er kein einziges Wort mit mir gesprochen!«

Ich schnäuzte mich ausgiebig.

»Und weißt du was?« Ich sprach lauter, um Lady Gaga zu übertönen. »Aysun hat mir in der Pause erzählt, sie hätte Sergej gestern Nachmittag an der Halfpipe gesehen. Er war mit Jan und Philipp dort! Sie sind mit den Skateboards gefahren und haben sich von irgendwelchen Realschülerinnen fotografieren lassen.«

»Realschülerinnen?«, sagte Finja. »Solche Verräter! Auf der anderen Seite: Wenn er wirklich Schluss machen wollte, hätte er dir bestimmt schon längst eine Nachricht geschickt.«

»Aber ich habe doch kein Handy mehr!«

»Stimmt auch wieder. Es bleibt dir nichts anderes

übrig, als abzuwarten.« Ein Hauch von Mitleid lag in Finjas Stimme.

Papa riss die Tür zu meinem Zimmer auf. »Ich will ja ungern stören!«, rief er über den Lärm hinweg. »Aber kann sich eine von euch endlich um diesen plärrenden Computer kümmern? Sonst informiere ich augenblicklich Amnesty International!«

In aller Seelenruhe stand Finja auf. Sie ging zum Schreibtisch, legte Lady Gaga eine neue Windel an und schlagartig beruhigte sich das Baby wieder.

Mein Papa schüttelte den Kopf. »Es wird Zeit, dass dieses Projekt ein Ende findet. Wir drehen sonst alle noch durch. Übrigens hat Sergej vorhin geklingelt. Heute Abend kannst du Herbie zu ihm runterbringen. Er kümmert sich dann nachts um ihn.«

Mittwoch, 29. Mai, Abend

99 998.

Mittwoch, 29. Mai, nachts

Heute Nacht bin ich zur Abwechslung mal nicht wegen Herbie aufgewacht, sondern weil meine zwei Väter sich stritten. Ich schlich in den Flur, weil die beiden sich lautstark im Wohnzimmer unterhielten.

»Und du willst allen Ernstes behaupten, den Namen *Jayden Hammersmith* noch nie in deinem Leben gehört zu haben?«, ertönte die aufgebrachte Stimme meines Papas. »Das klingt ziemlich unglaubwürdig! Zumal der Name eindeutig amerikanisch ist.«

»Ich kenne niemanden, der Jayden heißt!«, hörte ich Dad müde beteuern.

»Du weißt, dass ich normalerweise nicht eifersüchtig bin«, sagte Papa. »Aber diese Liste beunruhigt mich. Was bitte hast du mit Michael Klein, Milan Demir und Kevin Prasch zu schaffen? Sind das Männer, mit denen du dich auf irgendwelchen Schiffen verabredet hast?«

»Ich schwöre dir, ich weiß nicht, wer all diese Typen sind!«, wiederholte Dad und klang ehrlich verzweifelt.

Es blieb mir nichts anderes übrig. Ich musste das peinliche Missverständnis erklären. Verlegen schob ich die Tür auf und meine Väter guckten erschrocken.

»Ähm …« Ich räusperte mich. »Jayden Hammer-smith ist ein amerikanischer Austauschschüler aus der Neunten«, brachte ich es hinter mich. »Micha-el Klein geht in meine Parallelklasse, Milan Demir kenne ich aus dem Ferienprogramm und Kevin Prasch hat mich mal in der U-Bahn nach Kleingeld gefragt. Die Liste gehört mir. Es ist so eine Art Ver-zeichnis netter Jungs.«

Dad und Papa starrten mich fassungslos an.

»Finja hat auch so eine Tabelle gemacht«, ergänzte ich schnell. »Aber ihre ist viel, viel länger.« Außer-dem stand Dads Name auf Platz eins. Aber es war der falsche Zeitpunkt, das zu erwähnen.

»Du hast mir ins Gesicht gelogen, dass es Dads Liste sei, und damit eine Ehekrise bei uns in Kauf genom-men?« Papas Stimme bebte.

»Ähm …« Ich wusste ehrlich nicht, was ich darauf antworten sollte. Dann fiel mir meine Geheimwaffe ein. Ich verwende sie nur in absoluten Ausnahmefällen. Zum Beispiel, wenn meine Liste anbetungswürdiger Jungs beinahe zur Scheidung meiner Eltern führt. Und bei vergleichbaren Katastrophen.

»Ich verstehe, wenn ihr mich jetzt hasst«, sagte ich bedrückt. »Aber bitte seid nicht mehr böse auf mich. Ich appelliere an eure *Mutterliebe*!«

Das funktioniert normalerweise *immer*. Meine Väter stehen auf Mutterliebe. Sie reißen sich beide Beine aus, um mich mit jeder Menge Mutterliebe zu überhäufen.

»Wir hassen dich doch nicht!«, sagte Dad erschüttert.

»Barnie, wir lieben dich!«, fiel Papa ihm eilig ins Wort. »Aber du vergräbst *Bestellscheine* für Jungs auf unserem Balkon. Verstehst du, dass wir uns langsam Sorgen machen?«

Zum Glück kam Dad mir zu Hilfe. »Nun reg dich bitte nicht mehr auf. Wir wollen die Kerle im Dorf lassen! Du hast den Beweis, dass dieser Jayden nicht mein heimlicher Liebhaber ist. Und was Barnie macht, ist ihre Sache.«

Er löschte das Licht und wir gingen in unsere Betten.

»21 Jungs!«, hörte ich Papa verstört murmeln, während Dad ihn sanft ins Schlafzimmer schob.

»Der Apfel fällt nicht weit vom Stamm«, antwortete Dad schulterzuckend.

Ich legte mich in mein warmes Bett. Letztes Jahr hatte ich noch für 21 Jungs geschwärmt. Aber inzwischen dachte ich nur noch an einen!

Donnerstag, 30. Mai

Frau Zelenki stand da wie ein Racheengel. Sie sah wirklich zornig aus. In der Klasse war es totenstill. Nur Marie sang leise ein chinesisches Einschlaflied für Lady Gaga.

»Ich bin wirklich sprachlos und möchte betonen, dass das in den fünf Jahren, in denen das Jugendamt dieses Projekt an Schulen anbietet, noch kein einziges Mal vorgekommen ist!« Frau Zelenkis Stimme überschlug sich beinahe.

Ein dünner Mann mit schütterem Haar stand neben ihr. Er trug einen Anzug. Außerdem hatte er Creature unter den Arm geklemmt.

»Seien Sie nicht so streng mit den Kindern. War doch nur ein Dummejungenstreich.« Der Mann reichte Creature hinüber zu Frau Zelenki. »Kann ich jetzt wieder zurück aufs Amt? Meine Arbeit wartet.«

Frau Zelenki seufzte. Sie verabschiedete den städtischen Mitarbeiter und schrieb das Wort »VERANT-WORTUNG!« an die Tafel. Sie trug ein raffiniertes aschgraues Kleid. Und einen erschütternd farbenfrohen Schal in Ocker.

»Verantwortung!«, sagte sie. »Verantwortung den Babys gegenüber, auf die ihr aufpassen sollt. Aber auch Verantwortung euren Klassenkameraden gegenüber, mit denen ihr euch diese Aufgabe teilt. Ihr sollt euch gegenseitig unterstützen. Ihr sollt ein funktionierendes Team bilden, das sich aufeinander verlassen kann. Das ist das Grundprinzip von Freundschaft. Und das Grundprinzip von Familie übrigens auch. Philipp, hast du irgendetwas zu eurer Entschuldigung vorzubringen?«

Philipp zuckte mit den Schultern. »Das war doch nicht ernst gemeint«, nuschelte er. »Wir waren auf dem Weg von der Halfpipe nach Hause und da kamen wir zufällig am Krankenhaus vorbei. Und dann stand da dieses Schild. Und als Creature schrie, wollten wir es aus Spaß einfach mal testen. Es war eine Wette zwischen Jan und mir. Eine Wette, ob ich mich traue.«

»Ihr habt gewettet, ob du dich traust, Creature in eine Babyklappe zu legen?«, fragte Frau Zelenki.

»Ja. Dafür ist sie doch da. Ich konnte ja nicht ahnen, dass sofort eine Krankenschwester angerast kommt, um sich Creature unter den Nagel zu reißen. Wir dachten, wenn sie sieht, dass er kein echtes Baby ist, lässt sie ihn liegen.«

»Genau so war's!« Jan nickte. »Aber sie hat Creature einfach mitgenommen. Wir haben noch ein bisschen gewartet, ob sie ihn wiederbringt. Aber sie hat ihn offenbar im Fundbüro abgegeben!«

Niemand lachte. Wir anderen Eltern sahen Jan und Philipp vorwurfsvoll an. Im Gegensatz zu den beiden fühlten wir uns unglaublich erwachsen. Gut, Herbie war mir auf den Boden geknallt. Und Finja hatte Lady Gagas Gebrüll ignoriert und sie heulend auf dem Schreibtisch liegenlassen. Aber niemals, wirklich niemals würden wir unsere kleinen Lieblinge in eine Babyklappe stopfen!

Kein Wunder, dass die Jungs gestern geschwänzt hatten. Wie es aussah, hatten wir es hier mit einem sehr großen Versäumnis zu tun.

»Babyklappen sind keine Spaßeinrichtung. Sie sind für verzweifelte Frauen gedacht, die ihr Neugeborenes nicht behalten können«, sagte Frau Zelenki. »Sie können die Babys anonym dort ablegen und ungesehen verschwinden.«

»Barbarisch!« Aysun schaukelte Gollum liebevoll in ihrem Arm. »In was für einer Zeit leben wir eigentlich?«

»Es gibt Babyklappen schon seit dem Mittelalter«, fiel Marie neunmalklug ein. »Sogar im Vatikan hatten sie eine!«

»Was ist ein Vatikan?«, fragte Tore.

»Gibt es eigentlich irgendein Thema, zu dem du nichts weißt, Mama-Marie?«, zischte Finja hörbar in Maries Richtung.

»Ehrlich gesagt: Nein!«, antwortete Marie fies. »Du musst dich leider mit unserem geistigen Ungleichgewicht abfinden, Fußball-Mama.«

»Babyklappen sind nicht barbarisch, sondern vernünftig«, erklärte Frau Zelenki. Ihr Blick richtete sich auf Jan und Philipp. Sie legte Jan den armen Creature vor die Nase. »Ihr habt es verbockt, Jungs. Aber mein Lebensmotto lautet: Jeder hat eine zweite Chance verdient. Nehmt euch doch einfach ein Beispiel an Tore! Er erzielt die besten Ergebnisse der ganzen Klasse.«

Verwirrt drehten wir uns alle zu Tore um. Noch nie, nicht in all den Jahren, hatte Tore auch nur irgendein Lob eingeheimst. Er wurde knallrot und streichelte Chantal-Rose verlegen über den Kopf. Immer noch trug er sie in seinem selbstgemachten Tragetuch bei sich.

»Bei den Pinguinen kümmern sich auch die Männer um die Babys!«, sagte Marie in die Stille hinein. »Die Mütter watscheln davon, um Nahrung zu suchen.«

»Soll das heißen, Jessi steht seit einer Woche bei McDonald's an, um für Tore und Chantal-Rose eine Juniortüte zu holen?«, fragte Jan und erntete einen tödlichen Blick von Frau Zelenki.

»Nein«, seufzte Tore. »Jessi ist leider wirklich krank. Ihre Mama sagt, sie hat Grippe.«

*

»Echt schlimm, was Jan und Philipp Creature angetan haben«, sagte ich. Wir waren auf dem Weg von der U-Bahn nach Hause und Sergej schlenderte neben mir her.

Er zuckte mit den Schultern. »Es kann eben nicht jeder so gut mit Kindern umgehen wie wir. Aber weißt du, die beiden haben es echt nicht böse gemeint. Frau Zelenkis Aufregung war ja wohl etwas übertrieben.«

»Übertrieben? Also ich finde ja …« Ich hielt inne. »Hauptsache, wir verstehen uns wieder.« Ich hatte keine Lust, dass wir schon wieder stritten. Ich zog Sergej in einen Hauseingang und wir gaben uns einen Kuss. Er war schnell und sanft und ich spürte ihn kaum. Trotzdem zählte er natürlich in meiner Statistik.

99 997.

Wenn das in diesem Tempo weiterging, hatte ich meine 100 000 Küsse bis Schuljahresende aufgebraucht. In Zukunft würde ich etwas sparsamer knutschen.

Wir hatten den kleinen Park vor unserem Haus erreicht. Die Sonne brannte auf die Straße herab, die ganze Stadt wirkte sonderbar leicht und schwebend.

Seit Sergej mich gestern Abend im Treppenhaus geküsst hatte, war die Welt wieder in Ordnung.

»Gehst du heute Nachmittag mit Herbie und mir ins Freibad?«, fragte Sergej. »Jan und Philipp sind auch dabei. Sie kommen vorher mit Creature zu mir. Wir wollen ein bisschen Fortnite zocken.«

»Jan und Philipp? Wieso hängst du denn die ganze Zeit mit denen ab? Wenn dich meine Meinung interessiert: Die beiden sind ein richtig schlechter Einfluss für Herbie.«

»Wieso das denn?«

»Weil sie Idioten sind. Denk doch mal an die Baby-klappe! Wahrscheinlich lassen sie Creature vom Fünf-meterturm fallen. Oder ertränken ihn im Wellenbad.«

Sergej sah mich unsicher an. »Aber du warst es doch, die ihr Kind hat fallen lassen. Und dein Smart-phone hast du auch im Aquarium versenkt.«

Sergejs Handy ging. Er sah auf das Display und grinste fröhlich. Ich musste an die Realschülerinnen denken, die Fotos von den Jungs gemacht hatten. Von *unseren* Jungs! Vielleicht hatte er einer davon seine Nummer gegeben.

»O. K. Dann nehme ich Herbie heute über die Mit-tagszeit«, bot Sergej großzügig an. »Und nachmittags begleite ich die Jungs allein ins Schwimmbad. Ich bringe Herbie vorher bei dir vorbei. Am Abend kann ich ihn dann wieder übernehmen.«

»Ich kann heute Nachmittag eh nicht weg«, fiel mir ein. Heute war bei uns zu Hause Regenbogentreff. Einmal im Monat trafen meine Väter sich mit anderen Eltern. »Ich muss meinen Vätern helfen.«

∗

Ich machte eine große Kanne Tee, den Kaffee hatte Dad schon ins Wohnzimmer getragen. Es roch nach frisch gebackenem Kuchen. Herbie schlief brav in seiner Tasche. Für einen Moment fühlte sich alles goldrichtig an.

Als Erstes trafen Dana und Birgit mit ihren zwei

Kindern ein. »He, schicke Outfits!« Ich ging vor Ole und Nele in die Knie. Die vierjährigen Zwillinge hatten Latzhosen an. Absolut gleich – nur in unterschiedlichen Farben.

»Dürfen wir die Kleinen dir überlassen, solange wir Erwachsenen reden?«, fragte Dana. Sie führte Ole und Nele in die Küche, setzte sie in den Strandkorb und packte aus einer mitgebrachten Kühlbox Essen für die Kinder aus. Eine Schüssel graugelben Obstsalat. Einen Becher ungezuckerten Quark mit getrockneten Früchten.

»Also ihr zwei. Bleibt brav hier sitzen und genießt eure Belohnung! Barnie liest euch später bestimmt was vor.«

Was bitte für eine Belohnung? Der Obstsalat schwamm in einer trüben Pampe aus Joghurt und Apfelsaft.

Es klingelte wieder und Katja stieß dazu. Sie kam ohne ihre Frau und die Tochter. »Grüße von Amina!«, sagte sie in die Runde. »Sie ist mit Charlotte beim Schlussverkauf. Unser Schätzchen braucht irgendein Outfit für den Abschlussball. Ihr wisst ja, dass sie einen Tanzkurs macht. Und sie hat sich fest in den Kopf gesetzt, alle anderen Mädels zu übertrumpfen!«

Ich war froh, dass Charlotte nicht mitgekommen war. Charlotte war erst elf, aber eine echte Prinzessin. Sie wurde von ihren Müttern schrecklich verwöhnt und war außerdem eine hauptberufliche Nervensäge.

»Das soll ich dir von Charlotte geben«, fiel Katja ein. »Hat sie im KaDeWe entdeckt. Stark, oder? In Regenbogenfarben.« Das KaDeWe war das größte und schickste Kaufhaus in Berlin. Ich hatte mal ein echt tolles Kleid dort entdeckt. Wenn ich es mir von meinem Taschengeld leisten wollte, musste ich die nächsten 27 Jahre sparen.

Katja reichte mir einen Radiergummi in Form einer Flagge. O. K. Manchmal war Charlotte auch einigermaßen nett. Aber diese Augenblicke waren selten.

Papa kam aus dem Wohnzimmer. »Ist der Tee fertig, Barnie? Und habt ihr alle schon unseren Nachwuchs gesehen? Herbie ist das pflegeleichteste Kind, das ich kenne.«

Pflegeleicht? Klar. Weil ich mich um alles kümmern musste!

Die Freundinnen meiner Väter umringten die Tasche und sahen neugierig auf Herbie hinunter.

»Wie echt er aussieht«, flüsterte Dana. »Ole sah am Anfang genauso aus!«

»Nele aber auch«, erinnerte sich Birgit. »Ist das eigentlich eine Hundetasche?«

»Findet ihr, dass wir einer Elfjährigen TikTok schon erlauben sollten?«, fragte Katja. »Charlotte behauptet, jeder in ihrer Klasse hätte einen Account. Und Amina und ich haben keine Ahnung!«

Die Erwachsenen verzogen sich ins Wohnzimmer und ich war mit den Zwillingen und Herbie allein.

»Schläft das Baby?« Ole befreite sich aus dem Strandkorb und ging zu Herbie. Ich nickte. Im Nebenzimmer wurde gelacht. Dann hörte ich, wie der Fernseher angemacht wurde.

»Wollen wir die Fische anschauen?«, fragte ich die Zwillinge und drehte den neuen Radiergummi in meiner Hand. Auch wenn er von Charlotte war, würde er einen Ehrenplatz in meiner Sammlung erhalten. Ole und Nele nickten erfreut, ließen den traurigen Obstsalat zurück und stolperten hinter mir her in Richtung meines Zimmers. Als wir am Wohnzimmer vorbeikamen, linste ich durch die angelehnte Tür. Im Fernsehen sah man aufgebrachte Demonstranten. Irgendjemand schrie etwas auf Polnisch und die Umstehenden applaudierten dazu. Eine Frau mit erhitztem Gesicht trug ein Plakat mit einer durchgestrichenen Regenbogenflagge.

Der Radiergummi in meiner Hand wurde heiß.

»Und das in meiner alten Heimat!«, hörte ich Dana fassungslos sagen.

»Habt ihr das aus Ungarn gehört?«, fragte Katja. »Dort dürfen Frauen- und Männerpaare keine Kinder mehr adoptieren. Und in Russland ist es sogar verboten, über Homosexualität auch nur zu sprechen.«

»Ehrlich gesagt macht mir das richtig Angst«, antwortete Dana. »Und diese Demos in Polen sind einfach nur traurig.«

*

Unser Besuch war gerade am Aufbrechen, als Sergej hochkam, um Herbie zu holen. Er hatte Jan und Philipp im Schlepptau. Wie bestellt und nicht abgeholt, standen meine drei Schulkollegen in unserer Wohnung.

»Ich dachte, ihr wolltet ins Schwimmbad«, wunderte ich mich.

»Wollten wir auch«, antwortete Sergej. Jan und Philipp sahen sich neugierig um. »Aber dann haben wir stattdessen ein paar Videos gedreht. Und sie auf YouTube hochgeladen.«

»Videos? Wieso das denn?« Ich verstand überhaupt nicht, wovon die Jungs sprachen.

»Na, um zu zeigen, wie wir uns um Creature kümmern«, erklärte Philipp.

»*Wem* wollt ihr das zeigen?«

»Den anderen Jugendlichen«, übernahm Jan das Wort. »Vor allem natürlich den Mädels. Wir erleben gerade einen richtigen Candystorm! Bald gehen die Clips mit Creature viral.«

»Schatz, denkst du an die Kühlbox?«, rief Dana in die Küche. Sie stand im Flur und zog Nele die Schuhe an. Man konnte einen Schokorand um Neles Mund erkennen.

»Mach ich!«, hörte man Birgits Stimme. »Ich muss nur noch Oles Teddy finden. Übrigens ist das ganze Obst noch da …« Klar, ich hatte lebensverlängernde Maßnahmen ergriffen und meine Notration Schokolade für die Zwillinge geopfert.

»Sag mal, wer von den drei jungen Männern ist jetzt eigentlich der Papa von Herbie?«, wollte Dana wissen und zwinkerte mir verschwörerisch zu.

Sergej hob reichlich zaghaft die Hand, genauso schnell ließ er sie auch wieder sinken. Jan und Philipp wirkten seltsam versteinert. Keiner von den dreien verlor ein Wort.

»Tschüs, Barnie!«, verabschiedete sich Katja. »Frau und Tochter warten!« Sie drängte sich an meinen Mitschülern vorbei und verschwand mit eiligen Schritten nach unten.

Dad kam in den Flur. »Ach, hallo! Seid ihr Freunde von Barnie?« Erwartungsvoll sah er Jan und Philipp an.

»Wir gehen in die gleiche Klasse«, erwiderte Jan.

Dad nickte. »Toll, dass ihr euch alle gegenseitig unterstützt. Ich finde das Projekt ehrlich gesagt prima!«

Dana und Birgit verabschiedeten sich und ich holte endlich den schlafenden Herbie. Vorsichtig drückte ich Sergej die Tasche in die Hand. Die Jungs nickten mir zum Abschied zu und verschwanden schweigend wieder nach draußen.

»Aber dreht ja kein Video mit ihm!«, rief ich Sergej hinterher. »Ich will nicht, dass Fremde im Internet auf Herbie rumklicken!«

»Ja, ja!«, schallte Sergejs Antwort durchs Treppenhaus.

»Voll krass!«, war das Letzte, das ich vernahm. »Waren das echt lauter Schwule und Lesben?«

Freitag, 31. Mai

Ich stehe am von Scherben übersäten Strand meines Lebens. Sergej und ich haben uns schon wieder gezofft, mein Herz ist gebrochen und Herbie ist auch nicht mehr da. Nach unserem Streit war ich so durch den Wind gewesen, dass Sergej ihn mit nach unten genommen hatte.

Eigentlich fing das ganze Chaos schon vor Sergejs Eintreffen an. Papa rief mich mit aufgebrachter Stimme zu sich. Er stand im Bad, inmitten eines Wäschebergs, und hielt mir das eingeschweißte Kondom entgegen. Das Kondom! Ich hatte es, nachdem Martina es mir gegeben hatte, in die Hosentasche meiner Jeans gesteckt. Und die Jeans lag ganz oben auf der schmutzigen Wäsche.

»Papa, ich habe leider gar keine Zeit. Ich habe die Geometriehausaufgaben noch nicht gemacht und Herbie …«

»Herbie interessiert mich gerade nicht!«, wetterte Papa. »Mich interessiert, wie es kommt, dass meine 13-jährige Tochter Kondome durch die Gegend trägt. Barnie, du bist DREIZEHN! Du hast noch überhaupt keine Ahnung vom Leben. Und für dieses Kapitel bist du definitiv noch zu jung.«

»Martina hat es mir gegeben«, klärte ich das Missverständnis auf. »Man kann es auch als Wasserbombe benutzen.«

»Martina? Reden wir hier von deiner biologischen Mutter? Reden wir von meiner besten Freundin, die ich bat, mit dir über Jungs zu reden? Sie sollte dich aufklären und nicht aufrüsten. Ist *das hier* alles, was sie zu diesem Thema beizusteuern hat?«

Er ging im Stechschritt an mir vorbei, riss das Telefon aus der Ladestation und verschwand im Wohnzimmer.

Etwa zeitgleich klingelte es an der Tür und Sergej stand mit zerknirschtem Gesichtsausdruck draußen.

»Streiten deine Väter?«, fragte er. Man konnte Papas Stimme bis in den Flur hinaus hören.

»Nein. Mein Papa streitet mit meiner Mutter.«

Sergej kratzte sich am Kopf. »Ach so. Das ist normal. Meine Eltern streiten auch ständig.«

»Meine Eltern streiten normalerweise ganz selten«, antwortete ich. »Also, meine zwei Väter. Mit Martina hingegen streitet Papa ziemlich oft. Und manchmal streiten auch Dad und Martina. Gehen wir in mein Zimmer?«

Sergej folgte mir. Als wir am Wohnzimmer vorbeikamen, konnte ich überdeutlich das Wort »Kondome« hören und beschleunigte meinen Schritt. Herbie lag weinend in seinem Körbchen.

»Was ist mit ihm?«, fragte Sergej.

»Keine Ahnung. Er weint schon den ganzen Nachmittag. Ich habe ihm die Flasche gegeben, seine Windeln gewechselt und ihn durch die ganze Wohnung geschleift. Irgendwie hat er heute einfach schlechte Laune.«

Sergej hob Herbie aus seiner Tasche und augenblicklich hörte er mit dem Weinen auf.

»Na toll!« Ich ließ mich müde auf meinen Bürostuhl fallen und drehte mich einmal quietschend im Kreis. Dad wollte das Kugellager eigentlich schon längst mal ölen.

Sergej setzte sich mit Herbie auf mein Bett gegenüber. Heute in der Schule war er mir aus dem Weg gegangen. Die Pause hatte er mit Jan und Philipp verbracht.

»Sag mal …« Sergej schwieg. Er hatte mich zur Begrüßung nicht mal geküsst. Obwohl wir uns seit Schulschluss nicht mehr gesehen hatten!

»Ja?«

»Dein Papa und dein Dad … Also, wer von den beiden ist eigentlich dein richtiger Vater?«

Unsicher sah ich Sergej an. »Na, beide natürlich!«

Sergej blies seine Backen auf. Er starrte zum Aquarium hinüber. Der Regenbogenfisch wurde von den anderen Fischen in sicherem Abstand verfolgt. Er drehte eine unglückliche Pirouette.

»Man kann nicht *zwei* richtige Väter haben«, sagte Sergej mit einem angriffslustigen Unterton in der

Stimme. Fast hörte er sich an wie Marie. »Ich meine, einer der beiden hat dich schließlich gezeugt.«

Eine Weile schwiegen wir. Mein Blick bohrte sich im Teppich fest. Ich war es gewohnt, dass die Leute neugierig waren. Aber irgendetwas störte mich an diesem Gespräch. Vielleicht, dass ich es ausgerechnet mit Sergej führen musste.

»Der mit dem Dreitagebart ist mein biologischer Vater«, erklärte ich und fühlte mich schlagartig schlecht. Jetzt klang es so, als wäre Papa mein *richtiger* Vater und Dad mein *falscher* Vater. Als hätte Dad in Wahrheit gar nichts mit mir zu tun. Dabei hatte ich Dad doch genauso lieb! Wenn ich ehrlich war, fühlte ich mich ihm sogar näher.

»Und deine Eltern haben sich wegen diesem Amerikaner getrennt? Hat dein Papa deine Mutter etwa wegen ihm sitzenlassen?«

Ich musste lachen. »Aber nein!«, klärte ich den Irrtum auf. »Papa und Martina waren nie zusammen. Papa und Dad wollten gemeinsam ein Kind. Und ihre Freundin Martina ...« Auf einmal wurde es mir doch peinlich, darüber zu sprechen. Ich quetschte Sergej schließlich auch nicht über seine Entstehungsgeschichte aus.

»O. K.« Sergej kaute auf seiner Unterlippe herum. »Irgendwie krass, das alles. Ehrlich.«

Schlagartig kam mir mein Zimmer viel zu klein und eng und stickig vor. Ich wünschte, alle Fenster stünden weit offen.

»Und diese Freundinnen? Diese komischen Frauen gestern Nachmittag bei euch? Sind die etwa alle so wie deine zwei Väter?«

Ich dachte an den Freundeskreis meiner Eltern. Katja war früher mit einem Mann verheiratet gewesen. Später hatte sie sich in ihre Arbeitskollegin Amina verliebt. Seit vier Jahren lebten Katja und Amina nun zusammen. Charlotte wohnte eine Woche bei ihrem Vater und eine Woche bei Katja und Amina. Birgit hatte Ole und Nele bekommen und natürlich war Dana bei der Geburt dabei gewesen. Keine Ahnung, wer der Vater der beiden Kinder war. Ich wusste nur, dass er irgendwo in Dänemark lebte. Eigentlich gehörten auch noch Tim und Boris zur Gruppe, die gemeinsam ein Pflegekind hatten. Das Pflegekind war ziemlich krank und beide kümmerten sich rührend.

»Du meinst Regenbogenfamilien?«, fragte ich stockend.

»Regenbogenfamilien?« Offenbar hatte Sergej das Wort noch nie gehört.

»Na ja, so nennt man Frauen- oder Männerpaare mit Kind.«

»Wieso das denn?«

»Hm.« Ich hatte mir ehrlich gesagt noch nie Gedanken darüber gemacht. Mein Blick fiel auf den neuen Radiergummi im Regal. Die Regenbogenflagge leuchtete in der Nachmittagssonne.

»Weil …« Ich überlegte. »Vielleicht, weil die Lebensgeschichten der Leute so bunt sind wie die Farben des Regenbogens. Außerdem sind die Freundinnen meiner Väter nicht komisch. Sie sind völlig normal.«

Sergej holte tief Luft. »Natürlich sind sie *nicht* normal, Barnie. Normal ist, wenn Jungs sich in Mädchen verlieben und Mädchen in Jungs! So wie wir beide zum Beispiel. Aber diese Leute … das ist irgendwie abartig.«

Ich schluckte. War das wirklich Sergej, der das sagte? Sergej, der es schaffte, Herbie sofort zu beruhigen, indem er ihn nur aus der Tasche nahm? Sergej, dessen Küsse nach Popcorn schmeckten? Sergej, mein erster fester Freund? »Was meinst du mit *diese Leute*?«, fragte ich zögernd.

»Na, Lesben und Schwule eben! Diese eine Lesbe mit den kurzen Haaren gestern sah aus wie ein Mann!«

»Und deine Mutter sieht aus wie eine Garnele!« Mir war der Geduldsfaden gerissen.

Sergej öffnete empört den Mund. Dann schloss er ihn wieder.

Wir schwiegen. Die Stille lag schwer und drückend auf uns, als hätte jemand eine Filzdecke über uns gelegt.

»Findest du wirklich, dass meine Väter nicht normal sind?«, fragte ich. Meine Stimme klang inzwischen ganz klein. Vermutlich lag das an der unsichtbaren Decke. Sie verschluckte jeden Klang im Raum.

»Na ja. Ich mag deine Väter. Wirklich! Aber Jan und

Philipp zum Beispiel haben überhaupt kein Verständnis dafür«, sagte Sergej. »Und meine Eltern auch nicht. Wie schon gesagt, es ist nicht natürlich, wenn Männer sich in Männer verlieben oder Frauen in Frauen. Und noch unnatürlicher ist es, wenn sie dann auch noch Familien gründen!«

Traurigkeit schwappte in mir hoch. Alles in mir war taub und leer und müde. »Es ist auch nicht natürlich, sich im Solarium zu bräunen! Oder sich die Haare zu blondieren«, antwortete ich ihm. »Oder sich hässliche lila Glitzersteine auf die Fingernägel zu kleben. Wie deine Mama!«

»Warum hackst du eigentlich so auf meiner Mutter herum?«, beschwerte sich Sergej.

»Weil du auf meinen Vätern herumhackst?«, erinnerte ich ihn. »Und auf den Freundinnen meiner Eltern. Du kennst sie doch gar nicht. Sie sind alle absolut O. K.«

»Du bist O. K.«, sagte Sergej, wieder versöhnlich. »Und für seine Eltern kann man schließlich nichts.«

Meine Augen brannten. Sergej kam mir wie ein Fremder vor.

Niemals durften meine Väter davon erfahren. Dass er fand, dass ihr Leben unnatürlich war. Und dass es in seinen Augen unnatürlich war, dass sie mich bekommen hatten.

Niemals, niemals, niemals!

Und niemals durfte Dad erfahren, dass ausgerechnet Sergej ihn nicht für meinen richtigen Vater hielt. Nur weil er es nicht war, der mich gezeugt hatte!

Ich konnte nicht anders, ich musste weinen.

»Barnie, was hast du denn?« Sergej stand unsicher auf. »Ich liebe dich doch! Sonst würde ich dich doch nicht ständig besuchen!«

»Aber wenn du solche Dinge denkst …«, presste ich schluchzend hervor. »Dann kann ich nicht mehr mit dir zusammen sein.«

»Wieso das denn?« Sergej wirkte vor den Kopf gestoßen.

Und dann trennte ich mich wirklich von ihm. Obwohl ich ihn immer noch liebte.

✳

Das Ende vom Lied

Ich säh dich gern noch einmal wie vor Jahren
Zum ersten Mal. – Jetzt kann ich es nicht mehr.
Ich säh dich gern noch einmal wie vorher,
Als wir uns herrlich fremd und sonst nichts waren.

Freitag, 31. Mai, nachts

O. K. Das Gedicht ist nicht von mir. Wir haben es vor einiger Zeit im Deutschunterricht besprochen. Das war, bevor wir alle Väter und Mütter wurden und bevor Sergej mein Herz gebrochen hat. Das Gedicht ist von Mascha Kaléko. Damals habe ich es gar nicht verstanden. Aber jetzt, jetzt kapiere ich jedes Wort!

Samstag, 01. Juni

Ich habe Herbie heute Morgen in seinem Körbchen vor Sergejs Tür gestellt. Dann habe ich geklingelt und bin wieder nach oben gerast. Anschließend habe ich durch den Boden gelauscht, ob ich unten irgendetwas höre.

Es ist psychische Folter für mich, weiterhin im Zimmer über Sergej zu wohnen! Jedes Geräusch, das durch seine Decke dringt, erzeugt ein Erdbeben in meiner aufgewühlten Seele.

Folgende Lösungen fallen mir ein, um das Problem schnellstmöglich zu beheben:

1. Wir müssen uns eine neue Wohnung suchen (am besten weit weg, zum Beispiel in Berlin-Kreuzberg).
2. Papa und Dad müssen ihr Schlafzimmer mit mir tauschen.
3. Ich bewerbe mich in einem Wohnheim für minderjährige Mütter.

Sonntag, 02. Juni

Heute Morgen hat Sergej Herbie in seiner Tasche vor unsere Tür gestellt. Dann hat er geklingelt und ist schnell wieder nach unten gegangen.

Papa hat gefragt, ob wir zerstritten sind, und ich habe angedeutet, dass wir unüberbrückbare Differenzen haben. Den Ausdruck habe ich in einem Artikel über getrennte Promis gelesen.

Leider wollen Papa und Dad trotz der unzumutbaren Situation weder eine neue Wohnung für uns suchen, noch haben sie Lust, ihr Schlafzimmer mit mir zu tauschen. Im Internet habe ich die Nummer für ein Mutter-Kind-Heim gefunden. Aber bis dort wieder ein Platz frei wird, ist das Projekt längst zu Ende.

Also habe ich mich zurück auf den Teppich gelegt und mich von der Stille im Raum unter mir verstören lassen.

Montag, 03. Juni

»Huch. Was ist denn hier passiert?«, fragte Frau Zelenki verwirrt und ihre zementgraue Schultasche rutschte von ihrer Schulter.

Marie meldete sich. »Ein paar von uns haben sich scheiden lassen«, erklärte sie. »Also, im übertragenen Sinne. Deshalb haben wir uns heute Morgen alle umgesetzt.«

»Verstehe …« Frau Zelenki machte eher den Eindruck, als würde sie rein gar nichts begreifen. »Und was bedeutet das für unser Projekt?«

Marie meldete sich schon wieder. »Lady Gaga ist nun immer abwechselnd einen Tag bei mir und einen Tag bei ihrer Fußball-Mama. Ich hoffe, unsere Trennung wirkt sich nicht negativ auf meine Note aus?«

Finja hatte sich in die letzte Reihe gesetzt. Als Marie das mit der Note sagte, verdrehte sie die Augen.

»Aha. Und Philipp und Jan? Warum sitzt ihr nicht mehr nebeneinander?«

Jan zuckte mit den Schultern. »Meine Eltern finden, dass das Projekt zu viel Zeit frisst und meine Schulleistungen darunter leiden. Deshalb haben sie für mich eine Freistellung bei Rektor Emmerich erwirkt.«

»Eine Freistellung vom Vatersein?« Frau Zelenki

hob die Augenbrauen hoch. »Und was passiert mit eurem Sohn?«

Philipp hob den Kopf. Er saß neben Sergej in der ersten Reihe. Creature lag zwischen ihnen auf dem Tisch. Er trug einen Babystrampler, auf dem das Wort »Terrorist« aufgedruckt war, und eine verspiegelte Sonnenbrille.

»Sergej und ich kümmern uns gemeinsam um ihn.« Er knuffte Sergej freundschaftlich in die Seite.

Finja hatte mir heute Morgen erzählt, dass es schon fünf Videoclips mit Creature gab. Auf allen sah man Philipp, Jan oder Sergej, wie sie irgendwas Cooles mit dem Plastikbaby unternahmen. Creature auf der Halfpipe, Creature beim Graffiti-Sprayen, Creature am Brandenburger Tor. Im Internet gab es wohl schon eine richtige Fangemeinde.

»O. K. Und Barnie kommt mit Herbie allein zurecht?«, fragte Frau Zelenki besorgt. Schon wieder stiegen mir die Tränen in die Augen. Nicht weil ich jetzt eine geschiedene Mutter war. Sondern weil ich Sergej nach wie vor liebte. Den Sergej, wie er *vor* dem Gespräch gewesen war. Ein Gespräch, an das ich am liebsten nie wieder denken würde!

»Ich bin immer noch Herbies Papa!«, sagte Sergej laut. »Und wenn Barnie Hilfe braucht, kann sie sich jederzeit melden.«

Er drehte sich zu mir um und sandte einen traurigen Blick durch den Raum. Von Aysun wusste ich, dass

Sergej gegen unsere Trennung war. Rasch senkte ich meinen Kopf und Sergej sah wieder nach vorn zur Tafel.

»Sehr nett und vernünftig von dir, Sergej«, sagte Frau Zelenki. »Tore, was ist mit dir? Bist du immer noch alleinerziehend?«

Tore blinzelte und fuhr sich durch sein ungekämmtes Haar. Er hatte dunkelgraue Schatten unter den Augen. Aber er sah völlig zufrieden aus. Wie nach einer besonders tollen Party. »Ich habe mich mit Aysun und Lara zusammengeschlossen«, sagte er. »Wir haben eine Elterngruppe gegründet und wechseln uns mit Babysitten ab. Gestern waren wir gemeinsam auf dem Spielplatz.«

»Gut.« Frau Zelenki dachte nach. »Dann zu einem ganz anderen Thema. Herr Öksüz. Wisst ihr zufällig, ob er Schokolade mag?«

*

»Barnie, willst du mir nicht doch endlich erzählen, was zwischen dir und Sergej vorgefallen ist?« Ich saß mit Dad und Herbie auf dem Balkon und wir unterhielten uns leise. Ich hatte keine Lust, dass Sergejs doofe Mutter in der Wohnung unter uns etwas von unserem Gespräch mitbekam. Man hörte sie bei offener Tür ihr Wohnzimmer saugen.

»Wir haben uns gestritten«, murmelte ich und schaukelte Herbie auf meinen Knien. Durch die Gitterstäbe des Balkons sah ich hinunter auf den

Renée-Sintenis-Platz. Jemand schob einen Zwillingswagen über den Schotter.

»Ja. Das weiß ich. Aber über was habt ihr euch gestritten?«

Natürlich

ist es nicht

natürlich

wenn

Männer

sich

in

Männer

verlieben

und

Frauen

in Frauen.

Natürlich

ist

Liebe

immer

ein Wunder.

Das Gedicht hatte ich gestern Nacht erfunden, weil
mir Sergejs Satz einfach nicht aus dem Kopf gegangen
war. Unnatürlich … Vorsichtig sah ich Dad von der
Seite an.

Wäre Dad nicht Dad, sondern Mom, wäre alles

anders. Dann müsste ich nie etwas erklären. Und ich müsste niemals Sorge haben, dass Leute komisch reagieren. Wir wären eine ganz normale Familie. Hätte, wenn und aber ...

Mir fiel das Schiff ein, auf dem Papa und Dad sich das erste Mal begegnet waren. Ich dachte an das Bilderbuch, das sie mir gezeichnet hatten. An Nachmittage mit Kuchen und Tee in unserer Küche. Ich dachte an unsere Sommerurlaube in Dänemark, an Geburtstage, an denen unsere besondere Tischdecke mit dem »Happy Birthday«-Aufdruck unter dem Teller lag. Ich dachte an Abende mit Monopoly, Scrabble und Uno. All das waren wir, war unser Leben. Wie konnte Sergej behaupten, dass das alles nicht richtig war?

Es klingelte. Dad verschwand und stand kurz darauf wieder vor mir.

»Ähm, Barnie. Da steht ein junger Mann für dich draußen.«

»Sergej?«

Dad schüttelte den Kopf. »Nein. Nicht Sergej. Ist das etwa der Grund, weshalb ihr euch gestritten habt, Darling?« Seine Stimme wurde zu einem Flüstern. »Hast du dich in einen anderen Jungen verguckt? Barnie, das hättest du mir doch sagen können! Mir tut Sergej zwar ein bisschen leid, aber dieser andere Typ ist auch ganz niedlich.«

Irritiert stand ich auf und ging zur Tür.

Tore stand im Flur und guckte verlegen.

»Äh … Hallo, Tore …« Jetzt war ich endgültig verwirrt. Woher hatte der denn meine Adresse? Tore sah unbeholfen auf seine Schuhspitzen hinab. »Ich war mit Chantal-Rose hier in eurer Straße und ich dachte, vielleicht soll ich Herbie mit auf den Spaziergang nehmen? Ich meine, jetzt, wo du auch alleinerziehend bist.« Er hob seinen Blick und wir starrten uns an. Tore war exakt so groß wie ich, das heißt, wir sahen uns geradewegs in die Augen. Bisher war mir Tore nie besonders aufgefallen. Aber auf einmal war er schrecklich nah. Seine Augen waren dunkelgrün, mit einem grauen, fast silbernen Kranz um die Iris.

»Also … soll ich?«, fragte Tore kleinlaut. »Ich habe einen Zwillingswagen dabei. Damit schiebe ich die Babys ganz entspannt durch die Gegend.«

Auf Tores Stirn zeichnete sich eine feine Narbe ab. Seine Wimpern waren dicht und lang, wie ein Fächer.

»Weißt du was, ich komme mit!«, entschied ich spontan.

Ich verabschiedete mich von meinem Dad und war schon mit Tore und Herbie auf dem Weg ins Freie.

Montag, 03. Juni, abends

Dieses Buch ist kein Tagebuch. Es ist kein Gedichtband und auch kein Liebesroman. Dieses Buch ist ein Buch über die unendlichen Rätsel des Lebens. Heute habe ich den ganzen Nachmittag mit Tore verbracht. Ich versuche, alles genau und der Reihe nach wiederzugeben:

Als wir die Treppe runtergingen, stand unten ein richtiger, echter Zwillingswagen im Flur. Zugegeben, er hatte ein paar Macken.

»Den habe ich im Sperrmüll entdeckt!«, erklärte mir Tore stolz. »Ich habe ihn mitgenommen und repariert und jetzt fährt er wieder prima.«

Das linke Vorderrad war größer als die anderen Räder und das Sonnendach hing zerfetzt an der Seite herab. Aber es stimmte, das Ding fuhr. Und wir konnten Herbie und Chantal-Rose nebeneinanderlegen.

»Toll, oder?«, sagte Tore beglückt. »Die zwei scheinen sich echt zu verstehen!« Wir liefen im Gleichschritt nebeneinanderher, der Wagen holperte über die Straße. Unsere beiden Lieblinge waren absolut ruhig. Gemütlich schlummerten sie, Seite an Seite.

»Vielleicht werden die zwei ja mal Popstars!«, spann

ich zum Spaß herum. »Sie treten gemeinsam auf Konzerten auf und wir stehen in der ersten Reihe!«

Tore lachte. »Ja. Oder sie werden Knobelpreisträger!«

»Es heißt Nobelpreis«, korrigierte ich ihn.

»Ach so.« Tore stutzte. »Weißt du, ich dachte echt, es hätte was mit Knobeln zu tun.«

Wir schwiegen wieder. Es war schön, neben Tore her zu spazieren. Es war schön, zwei zufriedene Babys in einem Wagen vor sich zu sehen. Zwei Babys, die nichts von einem wollten.

»Womöglich verlieben sich die beiden ja, wenn sie mal größer sind«, entfuhr es mir. Keine Ahnung, warum ich das sagte. Vielleicht, weil die Sonne so schön auf das kaputte Sonnendach schien.

Wir bogen mit dem Wagen um die Ecke.

»Ja. Vielleicht heiraten sie sogar. Stimmt es, dass du mit Sergej nicht mehr zusammen bist?«, fragte Tore unvermittelt.

Ich nickte.

»Habt ihr euch gestritten?«

Ich nickte schon wieder.

»Und warum?«

Ich presste meine Lippen fest aufeinander. Unser Streit ging Tore wirklich nichts an. Vielleicht war er ja sogar der gleichen Meinung wie Sergej. Dass die Liebe meiner Väter *unnatürlich* war. Wir waren vor einem großen Wohnblock gelandet. Alte Fahrräder standen kreuz und quer im Hof herum. Links neben den Mülltonnen lag eine kaputte Wippe.

»Toll, oder?«, sagte Tore stolz. »Hier wohnen voll viele Leute. Sogar welche aus Argentinien, Mexiko und Südamerika! Und wir haben die beste Aussicht von allen!«

Mexiko und Argentinien liegen beide in Südamerika, wollte ich ihm erklären. Aber dann dachte ich an die besserwisserische Marie und schluckte meinen Kommentar schleunigst hinunter.

Wir stellten den Wagen im Hausflur ab. Es roch nach Erbsensuppe, Curry und Döner. Mit dem zerbeulten Aufzug fuhren wir in den sechsten Stock. Tore fischte einen Schlüssel aus seiner Tasche. »Familie Müller«, stand auf dem Schild neben der Tür.

Neugierig betrat ich die Wohnung. Sie war klein, viel kleiner als unsere. Und sie hatte nur einen winzigen Steh-Balkon. Auf dem Balkon stand ein Aschenbecher, randvoll mit Zigaretten.

»Raucht dein Papa?«, fragte ich.

Tore schüttelte den Kopf. »Nein, meine Mama. Sie will aufhören, aber sie schafft es nicht. Aber wenigstens raucht sie im Freien. Meine Mama und ich wohnen hier zu zweit. Weißt du, ich habe gar keinen Papa.«

Ich riss die Augen auf. »Ehrlich?« Mein Herzschlag verdoppelte sich. »Ist deine Mama etwa auch …«

Tore nickte. »Ja. Geschieden. Mein Papa ist weggegangen, als ich noch ein Baby war. Einmal hat er mir eine Postkarte geschickt. Er lebt jetzt weit weg, ich glaube, in Bremen.«

Ich folgte Tore in sein Zimmer. Im Flur hingen lauter Fotos von ihm. Babybilder und Bilder aus dem Kindergarten. Fotos von seiner Einschulung und Fotos vom Ferienprogramm. Bilder von ihm im Fußballtrikot und Bilder von ihm in Badehose.

»Ist das deine Mama?« Ich deutete auf ein gerahmtes Foto. Man sah eine lächelnde Frau in einem weißen Kittel. Sie hielt einen Blumenstrauß in der Hand. Darunter stand: »10 Jahre unsere gute Seele!«

»Ja«, sagte Tore. »Das trägt sie, wenn sie arbeiten geht. Meine Mama ist Star-Köchin in einer Kantine. Sie macht die weltbeste Ananascreme. Willst du mal probieren?«

Tore machte kehrt. Wir gingen zur Küche und er öffnete den Kühlschrank. Er zog eine Plastikschüssel heraus. Dann schaufelte er mir Ananascreme auf einen Teller.

Ich probierte davon. Was soll ich sagen? Sie war einfach nur köstlich!

Mein Mund klebte, und obwohl ich immer noch angefüllt mit Liebeskummer war, fühlte ich mich schlagartig glücklich.

»Also!«, sagte Tore. »Ich zeige dir jetzt, was ich für Chantal-Rose gebastelt habe. Nämlich eine Wiege mit Automatik. Wenn du willst, baue ich auch eine für Herbie. Ein Aquarium habe ich in meinem Zimmer übrigens auch. Aber die meisten Mädchen interessieren sich nicht so für Fische.«

Dienstag, 04. Juni

»He, Sergej!« Ich traf Sergej ausgerechnet im Hinterhof bei den Tonnen. Dad hatte mich nach unten geschickt. Zufällig genau in dem Moment, als Sergej das Altpapier ins Freie brachte. Er drehte sich langsam zu mir um.

Sergej, Sergej, Sergej.

Sergej, der zimtfarbene Augen hatte.

Sergej, der aussah wie ein Fußballstar.

Sergej, der so einen Unsinn geredet hatte. Vielleicht hatte der doofe Philipp ihm diesen Floh ins Ohr gesetzt.

»Hi Barnie …« Er lächelte traurig.

Ich warf die Kartoffelschalen in den Biomüll und Sergej begleitete mich zurück ins Haus. Zaghaft fasste er mich an der Schulter. Die Berührung breitete sich von meinem Schulterblatt aus und strömte wie ein warmer Luftzug durch meinen Körper.

»Stimmt es, dass du gestern Nachmittag bei Tore warst?«

Das schöne Gefühl verschwand. War das etwa das Einzige, was er wissen wollte?

»Ja. Er hat mir mit Herbie geholfen. Er baut für ihn vielleicht eine automatische Wiege. Und einen Zwil-

lingswagen hat er auch. Tore ist echt ein super Vater!«
Auf einmal hatte ich Lust, Sergej zu verletzen.

Sergej kratzte sich am Kopf. »Hör mal, du kannst
Herbie nicht einfach mit zu irgendwelchen anderen
Jungs nehmen!«, sagte er. »Immerhin bin ich doch
sein Papa!«

»Bist du etwa eifersüchtig auf Tore?«, fragte ich.

Sergej lachte. »Auf Tore? Sicher nicht. Trotzdem
ärgert es mich, dass er für *meinen* Sohn Möbel baut.
Wenn du eine Wiege willst, mache ich Herbie eine.«

Und dann geschah etwas Sonderbares. Ein gelber
Schmetterling löste sich vom Fenstersims. Er wirbelte
wie ein besonders hübsches Blatt durch die Luft, um
direkt auf Sergejs Kopf zu landen.

»Ein Zitronenfalter ist soeben auf deinem Kopf gelandet«, sagte ich.

»Ich liebe dich immer noch«, sagte Sergej. Der
Schmetterling erhob sich und flog davon.

»Barnie?« Das war Papa im zweiten Stock. »Bist du
da unten? Herbie schreit schon wieder nach dir!«

Unglücklich sah ich nach oben.

»Ich muss hoch«, sagte ich. »Herbie will sicher sein
Fläschchen.« Hastig setzte ich mich in Bewegung.

»Sag mal, Barnie, was hast du morgen Nachmittag
vor? Wir könnten zu dritt Boot fahren gehen!« Sergej
war mir hinterhergeeilt.

»Zu dritt?« Ich drehte mich noch mal um. »Tore, du
und ich?« Jetzt konnte ich Herbies Weinen hören.

»Nein. Du, Herbie und ich natürlich. Ein Familienausflug! Es soll morgen richtig sonnig werden!«

Familienausflug! Wie das klang! Fast so schön wie das Wort Erdbeersmoothie. Und hatten meine Eltern sich nicht auch auf dem Wasser ineinander verliebt?

Frau Zelenki hatte recht, dass jeder eine zweite Chance verdiente.

»O. K.«, sagte ich und Sergej strahlte mich an. »Wir treffen uns morgen nach dem Mittagessen hier unten.«

Mittwoch, 05. Juni, Nachmittag

99 996.

Mittwoch, 05. Juni, Abend

»Weißt du, es freut mich ehrlich, dass du dich wieder mit Sergej verstehst, Darling!« Es war früher Abend und ich stand mit Dad in der Küche. Herbie war unten bei Sergej. Die beiden hatten gerade Besuch. Übernachtungsbesuch von Philipp und Creature.

Papa war mit einem Freund im Kino. Ich würde mit Dad eine Pizza backen. Und danach vielleicht noch runter zu den Jungs gehen.

»Darf ich nach dem Abendessen noch mal zu Sergej und Herbie?«, fragte ich. »Philipp und Creature sind auch da. Vielleicht kann ich den beiden Jungs mit den Babys helfen.«

»Natürlich!« Dad schob mir ein Stück Champignon in den Mund. »Heißt das eigentlich, du bist wieder mit Sergej zusammen?«

Keine Ahnung, woher Dad wusste, dass etwas zwischen mir und Sergej lief. Verträumt nickte ich. Sergej und ich hatten den ganzen Nachmittag gemeinsam verbracht. Erst waren wir mit dem Boot über den See gefahren und hatten mit dem Paddel ein Liebespaar erschreckt. Dann hatten wir an einem Kiosk eine Cola getrunken und uns eine Familienportion Nachos geteilt. Zum Abschluss waren wir noch in Sergejs Zimmer verschwunden und hatten uns ziemlich lange geküsst. Leider war dann Philipp gekommen.

»Worum ging es denn bei eurem Streit, Barnie?«

Ich belegte den Pizzateig mit Tomaten und Pilzen.

»Ach, um dies und das. Aber jetzt ist wieder alles in Ordnung.«

»Na schön … Wann ist dieses Babyprojekt eigentlich zu Ende?«

»Am Freitag.« Bisher hatte ich mir noch gar keine Gedanken darüber gemacht. Ich würde Sergej sagen, dass Herbie von Donnerstag auf Freitag bei mir im Zimmer schlafen musste. Die letzte Nacht wollte unbedingt ich bei unserem Baby sein!

Die letzte Nacht …

Ich dachte an Tore und Chantal-Rose. Sicherlich würde Tore seine Tochter schrecklich vermissen. Was er wohl gerade tat? Die Ananascreme hatte wirklich lecker geschmeckt. Ob seine Mutter die öfter machte?

»Die Mama von Tore ist Star-Köchin«, erzählte ich Dad.

»Wow! Hat sie etwa eine eigene Fernsehsendung?«

Ich zuckte mit den Schultern. Eigentlich sah es bei Tore zu Hause nicht so aus, als würde eine berühmte Fernsehköchin dort wohnen.

»Tore hat ein Aquarium«, fuhr ich fort. »Mit fünf Guppys und einer Wasserschnecke.«

»Eine Wasserschnecke?«, fragte Dad. »Ist die nicht fürchterlich einsam?«

*

Ich stand etwas verloren in der Tür. Sergejs Mama hatte mich in die Wohnung gelassen. Sergej und Philipp saßen am PC und stellten einen neuen Clip mit Creature online. Sie hatten einen eigenen YouTube-Kanal dafür eröffnet.

»Darf ich mal sehen?«

Philipp rückte unwirsch zur Seite.

Die Videos waren langweilig. Im neuesten Clip demonstrierte Sergej ausgiebig, wie Creature ein Bäuerchen machte. Am Ende trat auch Philipp ins Bild. Er rülpste in die Kamera und der Film war zu Ende.

Die Jungs lachten.

»Irgendwie finde ich das nicht so witzig«, sagte ich. »Wehe, ihr macht das mit Herbie!«

»*Du* findest es nicht witzig«, knurrte Philipp. »Andere schon!«

Er scrollte mit der Maus die Seite hinab. Unter den alten Videos standen lauter Kommentare. Ein paar Leute hatten einfach nur LOL geschrieben oder ein Emoji hinterlassen. Drei Mädchen wollten Sergej treffen.

»Du willst dich hoffentlich nicht ernsthaft mit denen verabreden?«, fragte ich Sergej vorwurfsvoll.

Philipp grinste breit. »Sergej ist ein freier Mann. Er kann daten, wen er möchte!«

»Kann er nicht!«, erwiderte ich. »Seit heute Nachmittag sind wir wieder zusammen.«

Philipp sah mich ungläubig an. Offenbar hatte Sergej ihm die Neuigkeit noch nicht eröffnet.

»Stimmt das?« Er klickte mit einer gereizten Handbewegung den Bildschirm aus. Die Oberfläche wurde schwarz und Sergej nickte.

Ein komischer Ausdruck schlich sich in Philipps Gesicht. Eine Mischung aus Wut, Verzweiflung und Trauer.

»Obwohl sie bei den zwei Schwulen wohnt?«

Creature, der auf Sergejs Bett lag, begann zu heulen und fast zeitgleich fing auch Herbie in seiner Tragetasche zu weinen an.

»Lass Barnie damit in Ruhe!«, sagte Sergej genervt. »Sie ist ehrlich in Ordnung. Und es ist ja nicht ihre Schuld, dass sie in einer Regenbogenfamilie lebt.«

Ich stand völlig reglos da. Die Babys weinten im Akkord, aber keiner von uns rührte einen Finger.

»Regenbogenfamilie?«, wiederholte Philipp stockend, als müsste er das Wort mit aller Gewalt durch seine Gehirnwindungen pressen. »Weißt du, was das einzig Gute an einem Regenbogen ist? Dass er ziemlich schnell wieder verschwindet.«

Sergej rückte unbehaglich auf seinem Stuhl hin und her. Aber er schwieg und kam mir nicht im Geringsten zu Hilfe. Auffordernd sah ich ihn an. Er zuckte lediglich mit den Schultern.

»Momentan akzeptiert die Gesellschaft, dass es solche Leute wie deine Väter gibt!«, redete Philipp ungebremst weiter. »Aber in ein paar Jahren hat sich hoffentlich wieder alles normalisiert. Dann sind die Erinnerungen an Regenbogenfamilien ausradiert. Als hätte es so etwas Krankes niemals gegeben!«

Ausradiert.

In Philipps Gesicht stand der blanke Hass.

»Also, können wir jetzt einfach das Thema wechseln?«, fragte Sergej.

»Kannst du Philipp bitte einfach rauswerfen?«, fragte ich. Endlich kehrte meine Stimme zurück. Meine Knie zitterten, meine Fäuste waren geballt. Am liebsten hätte ich Philipp geschlagen!

»Zickt euch nicht an!« Sergej stand ruckartig auf. Dann schob er sich unsanft an mir vorbei und ging zu den weinenden Babys hinüber. Er nahm zuerst Herbie auf den linken, dann Creature auf den rechten Arm. Beide hörten augenblicklich mit dem Heulen auf.

»Krass, Alter!«, sagte Philipp und sein Gesicht nahm endlich wieder einen normalen Ausdruck an. »Das muss ich unbedingt filmen!«

Er zückte seine Handykamera und hielt sie direkt auf Sergejs Gesicht. Im Display sah man übergroß sein fröhliches Lachen.

Ich stand da, schweigend und mit hängenden Schultern. Ich wollte mich in Luft auflösen. Ich fühlte mich unendlich weit entfernt von den Jungs, obwohl sie doch direkt neben mir standen. Komischerweise fiel mir auf einmal der Erdbeersmoothie ein. Sergej hatte die ganzen zwei Wochen vergessen, mir einen zu machen.

»Ich gehe hoch. Bringst du mir Herbie morgen Mittag vorbei?«

Sergej nickte. Er nickte und kapierte überhaupt nicht, dass das ein doppelter Abschied war. Nach dem Ende des Projekts wollte ich nie wieder etwas mit ihm zu tun haben.

Mittwoch, 05. Juni, nachts

Ich habe meine Radiergummisammlung aufgelöst und sie unten in die Mülltonne geworfen.

Donnerstag, 06. Juni

Es war Donnerstagvormittag, ich stand vor dem
Aquarium mit den Clownfischen und die Tränen liefen mir über das Gesicht. Wegen des Streits hatte ich
die ganze Nacht nicht geschlafen. Heute hatte ich
zum ersten Mal in meinem Leben Schule geschwänzt
und war stattdessen ins Sea Life gegangen.

»Barnie, bist du das etwa?«

Verdutzt drehte ich mich um. Tore stand hinter mir.

»He! Du weinst ja!«

Ich schüttelte den Kopf. »Ist nur wegen der Fische.«

»Ach so.« Tore stellte sich neben mich. Wir standen
da und sahen zu, wie die Clownfische gemütlich durch
das Wasser trieben. Das Sea Life war normalerweise
immer ziemlich voll, aber so früh am Tag waren wir
fast alleine. Ich wunderte mich, was Tore hier suchte.

»Schwänzt du auch?«, fragte ich.

»Ja. Weißt du, die Katzenhai-Babys sind heute in aller Frühe geschlüpft. Das wollte ich unbedingt sehen!
Aysun hat Chantal-Rose netterweise mit in die Schule
genommen. Und wo hast du den kleinen Herbie ge-
parkt?«

»Bei Sergej.«

Wir trotteten weiter zum nächsten Fenster. Ein

paar Quallen lösten sich aus dem Nichts. Sie sahen aus wie Gespensterpilze.

»Bist du öfter hier?« Tore legte seine Hand an das kalte Glas. Es sah aus, als würde er die Quallen berühren.

Ich nickte. »Ich habe eine Dauerkarte. Meistens bin ich am Mittwochabend hier. Dann ist es immer am leersten.«

Tore lächelte schief. »Weißt du, ich habe auch freien Eintritt.«

»Ehrlich? Hast du eine Dauerkarte von deiner Mama bekommen?«

Tore antwortete nicht, sondern ging schweigend weiter. Vor dem nächsten Aquarium machten wir wieder halt. Unsere Gesichter spiegelten sich in der Scheibe. Für einen Moment wirkte es, als wäre das *unser* Aquarium. Als wären wir beide dort drinnen zu Hause.

Tore wandte mir den Kopf zu. »Ich wollte dir noch was sagen, Barnie. Etwas Schlimmes.«

Ich sah Tore direkt an. Schatten vorbeischwimmender Fische tänzelten durch den Raum. Es war, als wären wir weit, weit unten im Tiefen.

»Etwas sehr Schlimmes?«

»Na ja. Meine Mama. Sie ist gar keine Köchin mehr. Die Kantine hat zugemacht und seitdem arbeitet sie als Putzfrau. Sie macht hier sauber und nur deshalb bin ich hier. Wegen ihr bekomme ich freien Eintritt.«

Ich nickte. »Ich wollte dir auch noch was sagen,

Tore. Ich weiß nicht, ob du es schlimm findest oder nicht.«

Tore lauschte.

»Also meine Väter. Sie sind beide schwul.«

»Mhm«, sagte Tore. »Aber das habe ich doch längst gewusst.«

»Ehrlich?«

Tore nickte. »Ich glaube, jeder an der Schule weiß es. Weil deine Familie etwas Besonderes ist.«

»Und findest du nicht, dass meine Väter unnatürlich sind? Weißt du, Männer bekommen eigentlich keine Kinder zusammen.«

Tore legte seinen Zeigefinger auf das Glas. Soeben traumwandelte ein Seepferdchen an uns vorüber.

»Es ist so, Barnie. Bei Seepferdchen tragen die Männchen die Kinder aus«, sagte er nur. »Vielleicht sind deine Väter und die Seepferdchen irgendwie verwandt miteinander?«

*

Sergej saß in meinem Zimmer. Herbie hatte er auf dem Schoß.

»Bist du noch sauer?«, fragte er. »Hast du deswegen heute geschwänzt?«

»Ich bin traurig«, antwortete ich. »Ich habe mich so an Herbie gewöhnt. Ich kann mir gar nicht vorstellen, ihn morgen wieder herzugeben.«

Sergej nickte unsicher. »Aber ich meinte eher wegen

uns. Wegen gestern. Philipp hat es bestimmt nicht so gemeint. Du müsstest ihn einfach mal besser kennenlernen! Wir beide sind doch noch zusammen, oder?« Ich schüttelte den Kopf. Sergej schwieg. »Ist es wegen deiner Väter?«, fragte er schließlich.

»Nein. Ist es nicht«, sagte ich.

»Ist es wegen Philipp?«, riet er enttäuscht.

»Nein. Es ist wegen dir«, antwortete ich ihm.

Wortlos stand Sergej auf und ich begleitete ihn zur Tür.

*

»Dad, darf ich dich mal was fragen?«

Dad saß im Wohnzimmer und reinigte mit einer ekligen Paste einen Silberrahmen. »Klar, jederzeit.« Den Rahmen hatte er auf dem Flohmarkt gekauft.

»Also, mal angenommen, jeder Mensch hat im Leben 100 000 Träume. Verstehst du?«

»Nicht ganz, Darling. Aber erzähl weiter.«

»Stell es dir wie eine Spielregel vor. Für jeden Menschen stehen 100 000 Träume zur Verfügung. Was ist, wenn jemand schon vier sehr lange Träume aufgebraucht hat?«

»Wieso denn ausgerechnet vier?« Dad überlegte. »Egal, er hat auf jeden Fall noch 99 996 Träume übrig.«

»Rein rechnerisch schon!«, sagte ich. »Aber mal angenommen, dieser Mensch kapiert plötzlich, dass diese vier Träume gar keine *richtigen* Träume waren. Dass er sich getäuscht hat. Was ist dann?«

»Ich verstehe tatsächlich nicht, worauf du hinauswillst.«

»Die Frage ist, ob er den Traum-Zähler wieder auf 100 000 zurückstellen darf?«

»Puh!« Dad legte das Putztuch zur Seite. Der Bilderrahmen glänzte wieder wie neu. Lächelnd schob er ein Foto hinein. Es zeigte Papa, Dad und mich bei einem Ausflug.

»Meine Lieben!«, sagte er. »Weißt du, dass es für mich nichts Wichtigeres im Leben gibt als euch beide?« Er drückte seine Lippen auf das Foto.

»Dad!«, stoppte ich ihn entsetzt. »Du weißt wohl nicht, dass jeder Kuss in der Statistik zählt!«

»Statistik? Barnie, manchmal sprichst du in Rätseln!«

Donnerstag, 06. Juni, abends

100 000.

Freitag, 07. Juni

»O. K. Lass ihn mich ein allerletztes Mal herumtragen!«, bat Papa.

Eigentlich hatte ich mich ja schon verabschiedet, aber ich zog meine Jacke doch noch mal aus.

»Du hast ihn schon genug herumgetragen!«, sagte Dad. »Jetzt bin ich an der Reihe. Schließlich ist er ja auch mein Enkelsohn.« Er hob Herbie hoch und drückte ihn mit wehmütigem Gesicht an sich. Wehmütig? Wann hatte ich meine Väter das letzte Mal so aufgelöst gesehen?

Papa streichelte über Herbies Kopf. »Ach, du lieber Schreihals! Wie wirst du uns fehlen!«

»Haben wir eigentlich schon ein Familienfoto mit Herbie gemacht?«, fragte Dad.

»Ihr habt tausend Fotos von Herbie gemacht«, erinnerte ich ihn. »Außerdem drei Videos. Ich muss jetzt wirklich zur Schule!«

»Tschüs, Herbie!«, sagte Dad.

»Tschüs, kleines Monster«, murmelte Papa.

Als ich unten aus der Tür ging, standen meine beiden Väter auf dem Balkon. Sie winkten uns hinterher und ich glaube, sie weinten.

*

»Stimmt es, dass du Sergej verlassen hast?«, fragte Finja. »Ich dachte, du wolltest ihn zurückhaben!«

Wir zwei saßen in der Klasse wieder nebeneinander. Ich war froh. Finja als Platznachbarin zu haben, fühlte sich absolut richtig an!

»Stimmt.« Ich nickte. Mein Blick wanderte nach vorn in die erste Reihe, wo Sergej immer noch neben Philipp saß. Jessi war seit heute auch wieder da. Pünktlich zum Ende des Projekts war ihre Grippe verschwunden. Ausgeschlafen und mit rosigen Wangen wippte sie Chantal-Rose auf den Knien.

Als Frau Zelenki zur Tür hereinkam, zuckten wir alle zusammen.

»Frau Zelenki, was ist denn mit Ihnen passiert?«

Verwundert sah unsere Lehrerin an sich hinunter. »Was meint ihr?«

Sie trug eine erbsengrüne Bluse, einen lila Rock und knallgelbe Schuhe. Sie sah aus wie eine farbige Variante von sich selbst.

»Ihre Kleidung!«, sagte Tore verblüfft. »Sie sehen aus wie ein Mandela!«

»Wie ein Mandala!«, korrigierte Marie seufzend.

»Ich weiß nicht, wovon ihr sprecht«, behauptete Frau Zelenki. Sie blickte ernst in die Runde. »Ihr habt es geschafft, liebe Klasse! Das Projekt ist zu Ende und ihr seid wieder frei. Was geht euch an diesem Tag durch den Kopf?«

Marie meldete sich. »Auch wenn Lady Gaga inzwi-

schen ein Scheidungskind ist, es war eine echte Berei-
cherung, sich um sie zu kümmern.«

Wir anderen schwiegen.

»Es war aber auch richtig anstrengend«, gab Aysun
schließlich zu. »Obwohl Gollums Akku gestern Mittag plötzlich leer war und ich den ganzen Nachmittag
fernschauen konnte!«

»Endlich kann ich wieder zum Training!«, sagte Finja. »Wegen Lady Gaga habe ich zwei Wochen ausge-
setzt.«

»Und ich freue mich darauf, wieder eine Nacht
durchzuschlafen!«, sagte Tore.

Ich war froh, dass es den anderen ähnlich ging.
Obwohl es schrecklich traurig war, dass die Zeit mit
Herbie ein Ende fand, freute ich mich auch darüber.

»Ist es in Ordnung für euch, die Puppen jetzt wieder
abzugeben?«, fragte Frau Zelenki.

Nach und nach brachten wir die Babys nach vorne.
Als ich Herbie zu den anderen Puppen legte, wurde
mir ganz schwer ums Herz. »Mach's gut, Herbie!«,
dachte ich im Geheimen.

»Mach's gut, Chantal-Rose!«, hörte ich Tore neben
mir sagen. Ein paar Sekunden lang standen wir einfach nur da und sahen gerührt auf unsere zwei Babys
hinunter. Als die anderen wegsahen, drückte Tore
ganz schnell meine Hand. Und ich schwöre: Ich sah
Herbie zum Abschied kurz lächeln!

Freitag, 07. Juni, Abend

Ich saß mit meinen Vätern am Küchentisch. Ohne Herbie war es sonderbar still in der Wohnung. Lustlos stocherte ich in meinem Essen herum. Zur Feier des Tages gab es fleischloses Gyros. Obwohl es mein Lieblingsessen war, hatte ich komischerweise überhaupt keinen Hunger. Seit ich Herbie abgegeben hatte, merkte ich erst, wie erschöpft ich war. Ich fühlte mich wie nach einer sehr langen Reise.

»Es ist verrückt, es zuzugeben«, sagte Papa, »aber ich vermisse unseren Herbie schon jetzt. Ich überlege tatsächlich, ob wir nicht über ein Geschwisterchen für Barnie nachdenken sollten. Jetzt sind wir alle ein eingespieltes Team und könnten uns die Arbeit mit dem Baby teilen!«

Dad und ich sahen ihn entsetzt an.

»No way!«, sagte Dad.

»Nicht nach diesen zwei Wochen«, sagte ich.

Das Familiengremium hatte entschieden.

»Sag mal, Barnie, wirst du Sergej eigentlich trotzdem weiter treffen? Obwohl ihr jetzt keine gemeinsame Aufgabe mehr habt?«, fragte Papa.

Ich schüttelte den Kopf. »Nein. Ich habe Sergej verlassen.«

Papa verschluckte sich an seinem Wein. »Verlassen? Ich wusste nicht mal, dass ihr zusammen wart! Erfahre ich in dieser Familie alles immer als Letzter?«

Dad legte ihm beschwichtigend die Hand auf die Schulter.

»Barnie, willst du deinen unhysterischen Vätern erzählen, warum du Sergej an die Luft gesetzt hast?«

»Weil er ein Vollidiot und ein Feigling ist«, erklärte ich.

»Ach so. Das akzeptiert jeder Scheidungsrichter!« Papa beugte sich wieder über seinen Teller.

»Es hat doch nicht etwa was mit diesem Tore zu tun?«, versuchte Dad mich auszuhorchen. »Ich könnte es verstehen, Darling. Er ist wirklich süß! In Amerika sagen wir zu solchen Jungs *Hottie*!«

Papa sah Dad entgeistert an. »Musst du unnötig Öl ins Feuer gießen? Übrigens existiert das Wort unhysterisch nicht.«

»Tore?«, sagte ich. »Quatsch, wie kommt ihr auf diese Idee?« Ich hatte kein Interesse, dass meine hysterischen Väter sich über *meine* Jungs unterhielten.

»Weil er heute Nachmittag angerufen hat?«, antwortete Dad.

Die Situation fing an, brenzlig zu werden. Es stimmte. Ich hatte heute Nachmittag mit Tore telefoniert. Ich hatte ihn wegen Chantal-Rose getröstet. Am Ende hatte er mich etwas gefragt. Ob wir uns am Samstagnachmittag im Sea Life verabreden wollten.

Als Treffpunkt hatten wir das Katzenhai-Becken gewählt.

»Zufällig interessieren wir uns beide für Seepferdchen.« Ich probierte jetzt doch das fleischlose Gyros. »Genauer gesagt interessieren wir uns für ihre Fortpflanzung.«

»Seepferdchen?«, fragte Dad.

»Wisst ihr, was komisch ist? Mir ist, als hätte ich da gerade das Wort *Fortpflanzung* gehört«, sagte Papa. »Und das aus dem Mund meiner 13-jährigen Tochter!«

Ich ignorierte es einfach. »Tore und ich finden Seepferdchen absolut natürlich, falls es euch interessiert. Natürlich, liebenswert und irgendwie ... besonders!«

»Was sollte an Seepferdchen auch unnatürlich sein?« Mein Dad sah mich aus großen Augen an.

»Was für ein Schulprojekt steht bei euch eigentlich als Nächstes an?« Papa versuchte, das Gespräch wieder in andere Bahnen zu lenken.

»Tattoo-AG«, sagte ich. »Rektor Emmerich hat eine Tätowiermaschine gekauft und alle Siebtklässler müssen sich tätowieren lassen.«

Es sollte eigentlich ein Witz sein, aber meine Eltern glaubten mir inzwischen offenbar alles.

»Oh my God!«, rief Dad.

»Ich werde alt«, antwortete Papa. Er schenkte sich ein zweites Glas Rotwein ein.

»Auf die Familie!«, sagte er und stieß mit Dad und mir an. »Auf *unsere* Familie!«, ergänzte ich leise.

Samstag, 08. Juni, Abend

99 999.

Familie

Manchmal im Leben
sind zwei Männer
nicht nur zwei Männer
und ein 13-jähriges Mädchen
nicht nur ein Kind.
Manchmal im Leben
ist eine
weltreisende Frau
nicht nur eine
weltreisende Frau
und ihr Hund
nicht nur ein Köter.
Manchmal im Leben
hat ein Plastikcomputer
den Namen Herbie
und die Fische
fühlen sich
überhaupt nicht allein.
Manchmal im Leben
ist all das
eine
große
Familie.

Montag, 10. Juni

Heute nach der Schule haben wir beobachtet, wie Frau Zelenki zwei riesige Reisetaschen in Herrn Öksüzs Auto gestopft hat. Dann ist sie auf den Beifahrersitz eingestiegen und die beiden fuhren mit überhöhter Geschwindigkeit davon.

Wir standen etwas verwirrt da und sahen hinterher.

»Ob in der Tasche unsere Babys sind?«, fragte Aysun.

»Statistisch gesehen, ja«, meinte Finja.

»Vielleicht liefern die beiden sie wieder im Jugendamt ab«, murmelte Marie.

»Oder sie nehmen sie mit und gründen eine Familie. Meine Mama sagt, heutzutage ist ALLES möglich«, überlegte Tore.

Kurz stellte ich mir vor, wie Frau Zelenki und Herr Öksüz gemeinsam zehn schreiende Babypuppen versorgten. Jemand aus der neunten Klasse hatte behauptet, dass unsere Klassenlehrerin und unser Mathelehrer seit neuestem zusammen waren.

»Ob sie wirklich verliebt sind?«, fragte Aysun. »Ich meine, so richtig verliebt, wie wir es sind?«

»Kann ich mir nicht vorstellen«, sagte Marie. »Menschen in diesem Alter haben hormonell bedingt nur noch sehr abgeschwächte Gefühle.«

»Es könnte sich auch um eine Geiselnahme handeln«, mutmaßte Finja. »Die Frage ist nur: Wer von den beiden hat wen entführt?«

Herr Öksüzs Auto war um die Ecke verschwunden.

»Ich hoffe auf jeden Fall schwer, dass sie sich nicht küssen!«, stellte Aysun klar.

»Und ich hoffe schwer, sie pflanzen sich nicht fort!«, sagte Tore.

Angewidert sahen wir Tore an, entschuldigend zog er die Schultern nach oben.

Mein nagelneues Handy klingelte. Meine Väter hatten es mir heute zum Frühstück neben die Müslischale gelegt. In einer wasserdichten Sicherheitshülle.

»Leute, meine Ferien-App meldet sich soeben!«, sagte ich. »Noch acht Tage bis zu den Sommerferien.«

Sommerferien!

Wir würden endlos viel Ananascreme essen, durch die Gegend wandern, Boot fahren und ins Freiluftkino gehen. Wir würden auf dem Balkon Sonne tanken, Eistee schlürfen und Scrabble spielen. Und Tore durfte ausnahmsweise ein Wörterbuch benutzen.

Wir. Was für ein unglaublich schönes Wort!

»Barnie, warum grinst du denn so? Die anderen sind übrigens schon losgegangen!«

Ich wachte aus meiner Tagträumerei wieder auf.

Glücklich fasste ich nach Tores Hand und lachend rannten wir den anderen hinterher Richtung Freibad.

Kathrin Schrocke wurde 1975 in Augsburg geboren und lebt heute in einem Mehrgenerationenhaus in Essen. Sie studierte Germanistik und Psychologie und arbeitete im Anschluss einige Jahre als Pressereferentin im Verlagswesen und als Dozentin in der Erwachsenenbildung. Seit 2005 ist sie als freischaffende Autorin tätig. Ihre Jugendromane zu realistischen und gesellschaftskritischen Themen wurden in zahlreiche Sprachen übersetzt und vielfach ausgezeichnet. Ihr aktuellstes Jugendbuch »Weiße Tränen« wurde beispielsweise 2024 in den White Ravens Katalog aufgenommen und erhielt u. a. die Auszeichnungen »Die besten 7« sowie »Bayerns beste Independent Bücher 2024«.

www.kathrin-schrocke.de

Kathrin Schrocke

Immer kommt mir das Leben dazwischen

184 Seiten, broschiert, € 8,-
Ab 12 Jahren
ISBN 978-3-95854-177-1

Seit Karl im Traum sein toter Opa erschienen ist, will er unbedingt Youtube-Star werden. Aber immer kommt ihm etwas dazwischen: Seine Oma möchte in eine Hippie-WG ziehen, sein Schwarm Irina schleppt eine Katzenfrau als erste Followerin an und seine oberschlauen Cousins lüften ein Familiengeheimnis. Als sich dann auch noch die Polizei an Karls Fersen heftet, ist das Chaos perfekt …

»Schräge Figuren, überzeichneter Plot – ein riesengroßer Spaß!«
DIE ZEIT

Christine Werner

Blitzeinschlag im Territorium

224 Seiten, gebunden, € 14,-
Ab 11 Jahren
ISBN 978-3-95854-150-4

Terris Leben ist ganz schön durcheinandergeraten. Erst wurde ihre beste Freundin Nina von einem dieser Liebesblitze getroffen und dann hat es auch noch ihre Mutter erwischt. Aber während Nina kein anderes Thema mehr hat, macht Terris Mutter ein riesiges Geheimnis aus ihrer neuen Liebe …

Eine mitreißende Geschichte über Liebesblitzableiter, Regenbogenfahnen und eine extragroße Familienpizza